Russische Revolution

Grundriss

Vertiefungen

Anhang

Kontaktadresse nach EU-Produktsicherheitsverordnung:
produktsicherheit@fischerverlage.de

GRUNDRISS

Wer von der Russischen Revolution spricht, meint zumeist den Umsturz vom 25. auf den 26. Oktober 1917. In der Tat hat die nachfolgende Geschichte des 20. Jahrhunderts diesem Ereignis die größere Bedeutung verliehen. Nach der Selbstbehauptung der Bolschewiki im Bürgerkrieg von 1917–1921, der eigentlich ein nachgeholter Revolutionskrieg war, entstand die Sowjetunion als erster groß angelegter Versuch, die im 19. Jahrhundert in Deutschland und Westeuropa geborene Idee des Sozialismus in die Praxis umzusetzen. Der Oktoberumsturz wurde zum Gründungsmythos des Experiments eines weltgeschichtlich neuen Typs staatlicher, wirtschaftlicher und sozialer Organisation, der sich nach dem Sieg über den Nationalsozialismus im Zweiten Weltkrieg bis nach Mitteleuropa und im Zuge des Zerfalls der Kolonialreiche über den halben Globus ausgebreitet hat. Neben dem Ende des Ersten Weltkriegs und der 14-Punkte-Erklärung des amerikanischen Präsidenten Woodrow Wilson (vom 8. Januar 1918), mit der die Vereinigten Staaten erstmals als Ordnungsmacht in Europa eingriffen, hat die Genese des ersten sozialistischen Staates im Staatsstreich vom Oktober zu Recht Anlass gegeben, das Doppeljahr 1917/18 zum Beginn der »Zeitgeschichte« als Geschichte der jüngsten Zeit zu erklären. Man mag darüber streiten, ob diese mit dem Zusammenbruch der Sowjetunion und des Ostblocks 1989/91 zu Ende gegangen ist oder nur eine weitere tiefe Zäsur (vergleichbar mit dem Ende des Zweiten Weltkriegs) erfahren hat. Außer Frage steht, dass die unmittelbaren Folgen des »Roten Oktober« bis an die Schwelle der Gegenwart reichen und das gesamte 20. Jahrhundert maßgeblich bestimmt haben.

Diese Bedeutung des bolschewistischen Umsturzes sollte aber nicht vergessen lassen, dass ihm ein anderer vorausging. Was Ende *Februar* – nach dem westeuropäischen, gregorianischen Kalender in der zweiten Märzwoche – 1917 geschah, kann in vieler Hinsicht sogar mit mehr Recht beanspruchen, eine Revolution gewesen zu sein. Wenn sich »Revolution« nicht nur durch eine tief greifende Umwälzung der Rechts- und Sozialordnung definiert, sondern auch durch den manifesten Zorn aktiv protestierender Massen, dann galt dies nur für die letzte Februarwoche, nicht für die Oktobernacht. Historisch aber im Sinne epochaler Ereignisse waren beide, nur gleichsam in umgekehrter Richtung. Die Februarstreiks und -demonstrationen brachten mit der dreihundertjährigen Herrschaft der Romanov-Dynastie auch die Monarchie als solche zum Kollaps; der Putsch vom Oktober dagegen markierte einen Anfang, der die weltweite Systemkonkurrenz zwischen marktwirtschaftlich-kapitalistischer Demokratie und planwirtschaftlich-zentralistischem Einparteienstaat begründete.

Dazwischen lag die halbjährige Übergangszeit des sogenannten Februarregimes. Dass sie aus dem allgemeinen Geschichtsbewusstsein weitgehend verschwunden ist, hat sie nicht verdient und widerspricht der großen Aufmerksamkeit von Seiten der historischen Forschung. Denn es versteht sich von selbst, dass nicht zuletzt in diesen Monaten sowohl die Chancen für eine andere Zukunft Russlands zu finden sind als auch die Ursachen für den abermaligen Regimewechsel und jenen Weg, der nicht nur aus postsowjetischer Sicht in die Katastrophe führte.

Voraussetzungen

Auch eine Revolution kündigt sich an. Zwar verdichten und bündeln sich in ihr verschiedene desintegrative Vorgänge, die eruptiv zum Ausbruch kommen und ein Höchstmaß an zeitlicher Beschleunigung erreichen. Aber auch eine Revolution springt nicht aus der Geschichte heraus, auch sie markiert eine Wende im Sinne der Verbindung von Kontinuität und Bruch. Sechs Faktoren seien genannt, die in ihrem Zusammenwirken hauptsächlich als Ursachen in Frage kommen. Dieser Auswahl liegt die Vorentscheidung zugrunde, dass der Erste Weltkrieg und die besonderen Lasten und Spannungen, die er mit sich brachte, allein nicht ausreichen, um die Ereignisse verständlich zu machen. Zugleich dürfen die langfristigen Entwicklungen nicht deterministisch missverstanden werden. Sie machten durchaus auch den Weg für eine andere, liberal-konstitutionalistische und marktwirtschaftlich-westliche Umformung des Zarenreiches frei. Dabei vergrößerten sie aber die Spannungen in Staat und Gesellschaft und verringerten die Widerstandskraft gegen destabilisierende Tendenzen.

(1) *Industrialisierung und Arbeiterschaft* sind schon deshalb an vorderer Stelle zu nennen, weil sich die Ereignisse des Jahres 1917, ausgehend von Petrograd (wie St. Petersburg seit August 1914 hieß), vor allem in den Städten abspielten. Die blamable Niederlage des Zarenreichs gegen Frankreich und England im Krimkrieg (1854–56) hatte Anlass gegeben, eine grundlegende wirtschaftliche und soziale Erneuerung auf den Weg zu bringen. Neben den »großen Reformen«, namentlich der Aufhebung der Leibeigenschaft (1861), der Justizreform (1864) und der Einrichtung von Selbstverwaltungsorganen auf Gouvernementebene (*zemstva*, 1864), gehörte dazu nicht zuletzt eine kalkulierte Strategie zum Aufbau einer eigenen Schwerindustrie. Über Textilien und sonstige Produkte der Leichtindustrie hinaus sollte Russland in die Lage versetzt werden, selber Lokomotiven, Dampfmaschinen und Kanonen herzustellen. Mit entsprechenden, zumeist großen Unternehmen, die dank ausländischem Kapitel und staatlicher Förderung errichtet wurden, kamen mehr und mehr Arbeiter in die Städte. Auch der Verzicht auf Freizügigkeit und die Beibehaltung der Passkontrolle durch die Dorfgemeinde konnten eine rapide Urbanisierung nicht verhindern. Beides, die Anziehungskraft von Lohn und Brot und die »abstoßende« Kraft einer rapide zunehmenden Überbevölkerung auf dem Land, machten alle Versuche der Autokratie (der russischen, durch besondere Machtfülle gekennzeichneten

Variante des Absolutismus) zunichte, die Entstehung von Arbeitervororten, Massenelend und einer »sozialen Frage« in den wenigen, aber relativ umso größeren Städten des Reiches zu verhindern.

Auf die Entstehung eines »vierten Standes« aber war die zarische Gesellschaft denkbar schlecht vorbereitet. In einem merkwürdigen Übergangsstadium zwischen teilweise überwundener korporativer Gliederung und prinzipieller, unterhalb des Adels entstehender Rechtsgleichheit verharrend, bot sie ihm keinen gesicherten Platz. Die Arbeiterschaft passte nicht in die überkommene agrargesellschaftliche Ordnung. Sie blieb ein Fremdkörper, den trotz partieller Modernisierungsbereitschaft weder die Autokratie akzeptierte noch der Adel, der den Staat weiterhin trug. Wenn die Regierenden dennoch vergleichsweise früh Maßnahmen zum Arbeiterschutz ergriffen (beginnend mit der »Fabrikinspektion« 1882), dann taten sie das, um »englischen Zuständen« vorzubeugen. Aber sie verfuhren dabei nicht so konsequent wie Bismarck. Eine obligatorische Kranken- und Unfallversicherung wurde erst 1912 eingerichtet, als große Teile der Arbeiter zumindest in den Hauptstädten Moskau und St.Petersburg längst unter dem Einfluss der Sozialdemokraten (RSDRP) standen.

Die Autokratie verweigerte vor allem eines: politische Rechte. Zwar durften auch Arbeiter wählen, als der Zar am 26. April 1906 eine Verfassung in Kraft setzte (und damit das – im sog. Oktobermanifest – gegebene Versprechen vom Vorjahr einlöste). Doch abgesehen davon, dass ihre Stimmen infolge eines Kurienwahlrechts weniger Gewicht besaßen, ließ er die ersten beiden Parlamente (Duma) schon wenige Monate nach ihrem Zusammentreten auflösen. Das neue Wahlgesetz vom 3. Juni 1907 machte die Arbeiterstimmen vollends zu einer *quantité négligeable*. Und auch die im Herbst 1905 auf dem Höhepunkt der ersten russischen Revolution ebenfalls zugelassenen Gewerkschaften wurden nach der Rekonvaleszenz der Autokratie wieder verboten. Wenn es eine Chance wenigstens zu ihrer »negativen Integration« nach deutschem Vorbild gab, so wurde sie vertan. Die

Zeichen standen auf Radikalisierung, zumal auch in der Unternehmerschaft ein neuer Typus Oberhand gewann, der weniger patriarchalisch, dafür umso interessenbewusster dachte und seinen Vorteil mit harter Hand durchzusetzen suchte.

(2) Russland war in einem solchen Maße agrarisch geprägt, dass es ohne Mithilfe der *Bauernschaft* keine Revolution geben konnte. Wie allerdings die Aufstände von 1905–06 und 1917 zu erklären sind, ist wieder unklarer geworden. Dem alten, noch aus spätzarischer Zeit stammenden Szenario eines Teufelskreises von demographischer Explosion, Landverknappung, Raubbau und sinkender agrarischer Produktivität sind Befunde gegenübergestellt worden, die zumindest im Großraum Moskau auf eine marktorientierte, prosperierende Landwirtschaft hindeuten. Mithin könnten Bauern sich nicht nur aus Not erhoben haben, sondern auch – ein häufiger Befund der vergleichenden Revolutionsforschung – infolge gewachsener, aber enttäuschter Erwartungen. Das Resultat blieb dasselbe: brennende Gutshöfe, geplünderte Vorratsspeicher und eigenmächtige Inbesitznahme von Land, besonders jener »abgeschnittenen Landstücke«, die vor der schwierigen Entflechtung von Guts- und Bauernwirtschaften im Gefolge der Aufhebung der Leibeigenschaft von der Dorfgemeinde bewirtschaftet worden waren und von dieser beansprucht wurden.

Die »schwarze Umteilung« solcher Art, seit Jahrhunderten der Schlachtruf rebellischer Bauern, ging mit entschieden größerer Gewalt einher als Streiks und Demonstrationen der Arbeiter. Nicht ohne Grund waren sie das eigentliche Menetekel vormoderner, ständisch-korporativ geschichteter Agrarstaaten, zu denen das Zarenreich ebenso gehörte wie die meisten *Anciens régimes*. Für Land und Ernte, um die man *in natura* stritt, gab es keinen monetären oder organisatorisch-institutionellen Ausgleich wie Lohnerhöhungen oder verbesserte Arbeitsschutzbestimmungen. Zugleich brachen solche Aufstände zumeist ebenso schnell wieder zusammen, wie sie entstanden waren. Agrarischer Sozialprotest war – nicht nur in Russland

– in der Regel spontan und kurzlebig. Die Bauern kehrten wieder in ihre Hütten zurück, wenn sie sich genommen hatten, was sie wollten. So war es im heißen Herbst 1905, und so war es im Spätsommer 1917. Vollends ruhig blieb es nach Kriegsbeginn 1914. Da die große Mehrheit der Rekruten aus dem Dorf kam, gab es hier kaum noch jemanden, der sich gegen die Obrigkeit hätte erheben können. Nur irrte gründlich, wer daraus den Schluss zog, die Bauern seien befriedet oder gar saturiert.

Bei alledem bleibt die Frage offen, warum Bauern zwar schon seit Menschengedenken periodisch gegen ihre unmittelbaren Herren aufbegehrten, aber dies nie zusammen mit unzufriedenen Städtern und deren Wortführern, der Intelligenz, getan hatten. Erst diese neue Verbindung verlieh dem agrarischen Sozialprotest revolutionäre Qualität. Allem Anschein nach hat die Antwort mit langfristigen Veränderungen zu tun, die den parochialen dörflichen Horizont aufbrachen und für überregional-gesamtstaatliche Probleme öffneten.

Vieles spricht dafür, dass diese Erweiterung des Blicks und Interesses vor allem von zwei Faktoren gefördert wurde. Zum einen spülte die Wanderarbeit (*otchod*) immer mehr Bauern saisonal oder für ganze Lebensabschnitte in die größeren Städte, wo sie mit allgemeinen sozialen und politischen Fragen konfrontiert wurden und auf Angehörige der oppositionellen Intelligenz trafen. Zum anderen hatten immer mehr in der Armee zu dienen, die sie außerhalb ihrer Heimatregionen stationierte oder sogar in Kriege schickte. Vor allem die verlustreichen Kämpfe in Fernost gegen Japan 1904-05 lösten eine massive Politisierung der bäuerlichen Soldaten aus. Gleiches wiederholte sich an den Fronten des Ersten Weltkriegs.

(3) Wirtschaftlicher, sozialer und administrativer Wandel ging zumindest in den Städten mit *kultureller Modernisierung* einher. Ein Land, das sich anschickte, eine konkurrenzfähige Industrie aufzubauen, Gesetzeskonformität durch ein zeitgemäßes Justizsystem zu befördern und durch Dezentralisierung die Effizienz der regionalen Ad-

ministration zu verbessern, brauchte eine deutliche Erhöhung der Breitenqualifikation. In der Tat leisteten die *zemstva* beim Aufbau eines Bildungswesens und in der öffentlichen Gesundheitsvorsorge Erstaunliches. Der Staat baute die Universitäten aus und zog eine Leistungselite aus Lehrern, Agronomen, Ärzten, Juristen und Ingenieuren heran, die in erheblichem Maße unter den Einfluss westeuropäischer politischer Ideen und allgemein weltanschaulich-moralischer Vorstellungen geriet. Diese galten als fortschrittlich; an ihnen richteten viele ihre Lebensziele und -gewohnheiten aus. Die kulturelle Modernisierung, zu der auch die Entstehung einer publizistischen Öffentlichkeit gehörte, lief bei aller slavophilen Gegenströmung auf eine Verwestlichung hinaus – bis hin zur Rezeption und höchst eigenständigen Fortentwicklung der neuen Ausdrucksformen in Literatur und Kunst. Eine Intelligenz (im formalen Sinn der Hochschulabsolventen) entstand, die für Reformen aufgeschlossen und immer weniger bereit war, sich in ihrem öffentlichen Engagement von einem allgegenwärtigen Staat einschränken zu lassen. Sicher wäre es verfehlt, Intelligenz und Opposition gleichzusetzen. Erst recht waren intelligent und »revolutionär« keine Synonyme. Aber schon der Umstand, dass die meisten »Akademiker« im Dienst der *zemstva* oder der städtischen Selbstverwaltungen standen, trug zu einer deutlichen Disposition für Kritik an der Autokratie bei.

(4) Mit dem sozioökonomischen und kulturellen Wandel hielt der politische nicht Schritt. Dies war ein Grunddilemma der Reformen: dass die Autokratie ihre eigene Modernisierung aussparte. Was wichtige Gruppen der Gesellschaft – nicht zuletzt der in den *zemstva* engagierte Adel – forderten, politische Teilhabe in Gestalt einer Volksvertretung, konnte sie nur gewähren, wenn sie sich als solche beseitigte. In der Revolution von 1905 versuchte sie die Quadratur des Kreises. Unter dem Druck des Generalstreiks in St. Petersburg gewährte der Zar im sog. Oktobermanifest eine *Duma*, beschränkte ihre Rechte aber – nach dem faktischen Sieg über die Aufständischen im

Dezember – bei der konkreten Ausarbeitung der Verfassung auf ein Minimum. Ohne die Regierung wählen und zur Verantwortung ziehen zu können, bei alleiniger Exekutivkompetenz des Zaren (der sich auch weiterhin Autokrat nannte), blieb das Parlament formal weitgehend machtlos. Max Weber hat dafür den Begriff des »Scheinkonstitutionalismus« gefunden. Faktisch war das »konstitutionalistische Experiment« zwar weit erfolgreicher als auf dem Papier, da nicht nur Parteien und eine pluralistische Presse entstanden, sondern auch öffentliche Debatten über wichtige politische Entscheidungen zur Regel wurden. Dennoch blieb ein fundamentales Defizit an gesellschaftlich-parlamentarischer Kontrolle. Die Forderung nach seiner zumindest faktischen Aufhebung (»Regierung des gesellschaftlichen Vertrauens«) strahlte weit über den »linken«, demokratischen Liberalismus hinaus bis ins Lager der moderaten Monarchisten und bewies im Krieg ihre Eignung, höchst verschiedene Parteien zusammenzuführen.

(5) Aus der doppelten Diskrepanz zwischen sozioökonomischem und kulturellem Wandel sowie politischer Partizipationsverweigerung einerseits und dem nachholenden Charakter dieser partiellen Modernisierung im Vergleich zu Westeuropa andererseits resultierte der Tatbestand, dass sich die Unzufriedenheit über die mangelnde Synchronie der Veränderungen mit importierten Ideologien und nachgeahmtem Organisationswissen verband. Obwohl die Arbeiterschaft in der Gesamtbevölkerung nach Promillen zählte, entstand eine marxistische Bewegung. Obwohl die Bauern lange nichts von antizarischen Parolen wissen wollten, bildeten sich konspirative Zellen, die den Sturz der Autokratie und ihre Ersetzung durch einen agrarsozialistischen Staat anstrebten. Transfer und transnationale Verflechtung kompensierten hier fehlende autochthone Voraussetzungen. Beide Strömungen, Sozialdemokraten und Sozialrevolutionäre (PSR), die sich als Parteien mit Führungen im Exil organisierten und in erheblichem Maße von der Intelligenz getragen wurden, ver-

standen sich als radikale Opposition gegen die Autokratie. Anders als die linksliberalen »Konstitutionellen Demokraten« (abgekürzt: Kadetten) und der rechtsliberale »Bund des 17. Oktober« (benannt nach dem Oktobermanifest, mit dessen Versprechen er sich zufrieden geben wollte) propagierten sie den gewaltsamen, bewaffneten Aufstand, der auch eine soziale Revolution herbeiführen sollte. In ihnen entstand dem *Ancien régime* ein unversöhnlicher Feind.

(6) All diese lang- und mittelfristigen desintegrativen und konfliktträchtigen Entwicklungen nahmen unter der zusätzlichen Last des Krieges eine neue Qualität an. In synchroner Verschlingung multiplizierte sich ihre Wirkung. Die Aufwallung nationaler Geschlossenheit (»Burgfrieden«), die es im August 1914 auch in Russland gab, hielt nicht lange vor. Spätestens im September 1915, als der Zar das Parlament einmal mehr nach Hause schickte, verfestigten sich die Spannungen zu Gegensätzen, die einen Kompromiss unter Wahrung des inneren Friedens kaum noch zuließen. Die *zemstva* und die städtischen Selbstverwaltungen, die sich zu einem reichsweiten Verbund zusammengeschlossen hatten, bildeten gemeinsam mit verschiedenen liberalen Parteien in der Duma das Rückgrat eines (bis zu den moderaten Monarchisten reichenden) Progressiven Blocks, der die Forderung nach Teilnahme an der Regierung mit neuem Nachdruck erhob. Um dieselbe Zeit flammten die Streiks der hauptstädtischen Arbeiter, die im Vorkriegsjahr einen Höhepunkt erreicht, danach aber im Geiste nationaler Solidarität und als Folge der Mobilmachung abgeflaut waren, wieder auf. Fortan weiteten sie sich, angefacht durch dramatisch zunehmende Versorgungsprobleme, Brennstoffmangel und einen ungewöhnlich kalten Winter 1916/17 zu einem Flächenbrand aus, den die Autokratie nicht mehr einzudämmen vermochte. Das Dorf blieb zwar ruhig, stand aber gleichsam in Warteposition. Selbst Sympathisanten schüttelten den Kopf über den blinden Starrsinn, mit dem sich Zar Nikolaus II. den Forderungen des Parlaments verschloss, und den arroganten Leichtsinn, der die Zarin veranlasste,

den von ihr verehrten »Wunderheiler« Rasputin auch bei seinen politischen Intrigen gewähren zu lassen.

Bei alledem schlossen sich die Gegner der Autokratie nicht zu einem Zweckbündnis zusammen. Die hungernden städtischen Unterschichten hatten nichts gemein mit den Professoren, Fabrikanten und Adeligen der parlamentarischen Opposition. Umgekehrt fürchtete die »Gesellschaft« (von Besitz und Bildung) die Gewalt der »Straße« ebenso, wie sie die tief sitzende Angst des Adels vor der »Anarchie« des »dunklen Volks« teilte. Die Ziele der beiden Oppositionsgruppen waren und blieben höchst unterschiedlich: Mitsprache und Machtteilhabe wollten die einen, Brot und Sicherung minimaler Lebensbedürfnisse die anderen. Politisches Aufbegehren stand gegen soziales Aufbegehren, die Forderung eines Regimewechsels gegen die soziale Revolution. Diese Konstellation zweier Herausforderer, die denselben Gegner, aber nicht dasselbe Ziel hatten und einander nicht weniger fremd waren als dem gemeinsamen Feind, ist vor Jahrzehnten unter Rückgriff auf menschewistische Kommentare der Vorkriegszeit als »doppelte Polarisierung« bezeichnet worden. Trotz mancher Kritik, die zu partiellen Korrekturen geführt hat, bietet dieser Begriff immer noch das plausibelste Konzept, um beides zugleich zu erklären: sowohl den Zusammenbruch der Autokratie unter dem parallelen Ansturm von »unten« und »oben« als auch das Spannungsverhältnis zwischen beiden Revolutionen, das zur gewaltsamen Lösung drängte, wenn auch nicht notwendig zu derjenigen, die schließlich im Oktoberumsturz Wirklichkeit wurde.

Februarrevolution

Was am 23. Februar begann, wurde im Laufe der Woche zur Revolution – zur eigentlichen des Jahres 1917. Denn in diesen Ereignissen kamen deren (am französischen Urbild von 1789 orientierte) wesentliche Kennzeichen zusammen: die Beteiligung des *menu peuple* in

Gestalt von Massendemonstrationen gegen den Luxus des Nevskij-Prospekts und das Regime, das ihn schützte, sowie der Sturz des alten Staates samt der Neubegründung einer legitimen, überwiegend anerkannten, einer anderen Idee verpflichteten politischen Ordnung. Zugleich illustrierten die Februartage eine beinahe lehrbuchartige Eskalation, die der zeitlichen Abfolge eine ursächlich-inhaltliche Logik gibt.

Am Anfang stand eine »Hungerrevolte«, nicht zufällig am Internationalen Frauentag (dem 8. März n.St.) organisiert und wesentlich von den Arbeiterfrauen des Armenviertels Vyborg getragen, die nicht mehr wussten, wie sie ihre Familien ernähren und ihre Wohnungen heizen sollten. Sie verschmolz anderntags mit Streiks, als sich die Fabrikarbeiter dieses und weiterer Stadtteile in großer Zahl anschlossen. Bereits der dritte Tag markierte im Rückblick die Peripetie und den Anfang vom Ende der Autokratie: Kosaken, die der Petrograder Stadtkommandant zur »Pazifizierung« der Aufständischen schickte, weigerten sich zu schießen und nahmen stattdessen die roten Nelken entgegen, die man ihnen überreichte. Wenn es eine erste notwendige (aber noch längst nicht hinreichende) Bedingung für den Erfolg der Revolution gab, die damit definitiv begonnen hatte, dann bestand sie in dieser Allianz zwischen Arbeitern und Soldaten.

Dies rief am 27. Februar, als die Regierung geschlossen zurücktrat, neue politische Zentren auf den Plan. Noch am Vortag, als der Ministerpräsident höchst unklugerweise das Parlament ein weiteres Mal auflöste, hatten sich die Abgeordneten angesichts der Unruhen geweigert, dieser Order vorbehaltlos nachzukommen, und einen Ältestenrat belassen. Dieser konstituierte sich nun unter der Leitung des Dumapräsidenten als »Provisorisches Komitee zur Wiederherstellung der öffentlichen Ordnung«. Staatsrechtlich gesehen war dies eine Usurpation und zugleich der entscheidende revolutionäre Akt: So wie sich im August 1789 der »Dritte Stand« in Paris zur Nationalversammlung erklärt hatte, so reklamierte das russische Parlament mit dieser Bekanntmachung alle Befugnisse für sich, die eben noch von der zarischen Regierung ausgeübt worden waren. Noch während die Monarchie (formal) existierte, rief sich in Petrograd ein legitim gewähltes Rumpfparlament zum Souverän aus.

Allerdings blieb es nicht ohne Konkurrenz. Am selben 27. Februar einigten sich auch die rebellierenden Arbeiter und Soldaten auf ein Gremium, das ihren Interessen Geltung verschaffen sollte. Man darf davon ausgehen, dass sich die revolutionären Parteien bis dahin kaum in die Streiks und Demonstrationen eingemischt hatten. Insofern waren diese in der Tat, wie oft behauptet, »spontan«. Nun schlug die Stunde der Gewerkschafter und organisierten Revolutionäre, soweit sie vor Ort waren. Nach dem Vorbild einer ähnlichen Versammlung während der »Tage der Freiheit« im Spätherbst 1905 entstand unter führender Beteiligung der Menschewiki und der Sozialrevolutionäre der Petrograder Arbeiterrat (Sowjet). Dieser wählte ein Provisorisches Exekutivkomitee, das in Konkurrenz zum Dumakomitee trat. Damit hatten *beide* Revolutionen, die liberale der »Gesellschaft« und die sozialistische der Arbeiter und Soldaten (die sich dem Rat am nächsten Tag anschlossen), jeweils ein eigenes neues Machtzentrum hervorgebracht: Die Doppelherrschaft des Februarregimes war geboren.

Was weiter folgte, war zwar gewiss nicht notwendig, ergab sich aber aus dieser Vorentscheidung. Zum einen nahm der Untergang der Monarchie seinen Lauf. Nach der Demission der Regierung lag der Schlüssel für das Schicksal des Regimes bei der Armee, deren Oberbefehl der Zar gegen den Rat seiner Umgebung im August 1915 selbst übernommen hatte und deren Hauptquartier sich an der Front im fernen Mogilev befand. Von hier aus beorderte Nikolaj II. eine durchaus eindrucksvolle (und nicht von vornherein zum Scheitern verurteilte) Streitmacht nach Petrograd, zum Schutz seiner Familie in der Sommerresidenz Carskoe selo und zur Wiederherstellung der alten Ordnung in der Hauptstadt. Der Stoßtrupp kam bis Carskoe selo und machte dann kehrt – nicht weil der Widerstand unüberwindlich schien, sondern weil der Zar telegraphisch Anweisung gegeben hatte zu warten.

Denn Nikolaj hatte sich inzwischen selbst auf den Weg gemacht. Sein Sonderzug wurde jedoch von den neuen Petrograder Machthabern abgefangen und nach Pskov, ins Hauptquartier der Nordfront, umgeleitet. Hier vollzog sich der Schlussakt der Tragödie. Noch am Abend des 1. März hatte der Zar auf Drängen der anwesenden Generäle endlich einer »Regierung des gesellschaftlichen Vertrauens« zugestimmt. Doch ein Anruf des Dumapräsidenten belehrte die Militärs darüber, dass die Zeit solch magere Konzessionen längst überholt hatte. So drängten sie ihren Oberbefehlshaber zum Thronverzicht. Dieser traf in väterlicher Fürsorge zugleich eine Entscheidung, die das Ende der Monarchie überhaupt besiegeln sollte. Er dankte auch im Namen seines bluterkranken minderjährigen und einzigen Sohnes ab. Da sein Bruder Michail die ihm angebotene Krone ablehnte, ging in der Frühe des 3. März 1917 mit der Regentschaft Nikolajs und der 300-jährigen Herrschaft der Romanovs zugleich die Ära des zarischen Doppeladlers zu Ende.

Darüber hinaus taten die Revolutionäre den nächsten, folgerichtigen Schritt und bildeten eine neue Exekutive. Dafür mussten sich die beiden Machtzentren einigen. Im Überschwang des Sieges fiel der Kompromiss vergleichsweise leicht. Die Menschewiki im Arbeiter- und Soldatenrat, an ihrer Spitze die Georgier Nikolaj S. Čchejdze und Matvej I. Skobelev, ließen den Duma-Liberalen den Vortritt. Dieser Verzicht stand im Einklang mit ihrer orthodox-marxistischen Ideologie, die davon ausging, dass der »feudalistischen« Monarchie eine bürgerlich-kapitalistische Demokratie folgen, mithin der liberalen Bourgeoisie das Feld gehören müsse. Hinzu kam aber wohl auch der Umstand, dass die liberalen Politiker um den hoch geschätzten langjährigen Zemstvo-Führer Fürst Georgij N. L'vov und den unbestrittenen Kopf der Kadetten Pavel N. Miljukov (**Köpfe der Revolution**) →S. 103

über parlamentarische Erfahrung, eine komplette Mannschaft aus den Reihen des Progressiven Blocks und ein Programm verfügten, wie allgemein dies auch immer sein mochte.

So waren es eher die neuen soldatischen und besonders radikalen Deputierten, die gewonnen werden mussten. Sie setzten ihr wichtigstes unmittelbares Anliegen durch, als sie dem Exekutivrat des Sowjets den berühmten »Befehl Nr. 1« diktierten, der die Wahl von Regimentskomitees und die Unterstellung der Regimenter unter die Sowjets verfügte. Damit aber gaben sie sich zufrieden. Die Verhandlungsführer des Sowjets forderten in den Gesprächen mit dem Dumakomitee am 1. März als Konsequenz aus diesem Dekret zwar auch die Wahl der Offiziere. Aber sie lenkten schnell ein, als Miljukov und das Dumakomitee aus Sorge um die Kampffähigkeit der Armee (noch befand man sich ja im Krieg) ablehnten. Auch die Frage der Staatsform ließ man noch offen (sie löste sich anderntags von selbst).

Damit stand einer Regierungsbildung nichts mehr im Wege. Am Nachmittag des 2. März verkündete Miljukov im Taurischen Palais, dem Sitz der Duma, die Einigung und stellte das neue Kabinett vor. Sowohl der Ort des Geschehens als auch das Personal der Provisorischen Regierung machten augenfällig, was sich vollzogen hatte: der Übergang von einer Autokratie, die sich obstinat gegen weitere Beschränkungen als die ihr 1905 abgetrotzten wehrte (und diese, wo immer möglich, rückgängig zu machen suchte), zur Herrschaft des gesetzeskonform, wenn auch nicht demokratisch, gewählten und von den aufständischen Arbeitern und Soldaten akzeptierten Parlaments.

Noch wichtiger als der Kompromiss zwischen den neuen Machtzentren vor Ort aber war die stillschweigende Billigung derer, die gar nicht anwesend waren: der Generäle. Denn es liegt auf der Hand, dass die unabdingbare Voraussetzung für den revolutionären Regimewechsel – wie anderthalb Jahre später in der deutschen Novemberrevolution – in dessen Hinnahme durch die Armeeführung bestand. Dahinter aber verbarg sich keine Sympathie für Liberalismus und Demokratie, sondern einzig und allein die Sorge um die Verteidigungsfähigkeit und die Fortsetzung des Krieges. Letztlich sah sich der Generalstab in einem Loyalitätskonflikt zwischen Monarchie und Nation – und ließ die Monarchie zugunsten der Nation fallen.

Fragile Demokratie und übermächtige Probleme

Freiheit und Volkssouveränität regierten nur ein halbes Jahr. Die Liberalen, inzwischen stark westlich geprägt, hatten hehre Ziele, mussten aber mit widrigen Realitäten kämpfen. Es gelang ihnen vergleichsweise leicht, die Reste des längst anachronistischen *Ancien régime* zu beseitigen und die neuen Grundsätze der Demokratie auch in der Provinz zu verankern. Aber sie scheiterten an der Aufgabe, die materiellen Lebensbedingungen der Menschen zu verbessern und Frieden zu schaffen. Zu ihrem bitteren Ende trugen wie immer viele Ursachen bei – objektive wie subjektive, strukturelle wie individuelle und nicht zuletzt der Zufall. Aber eine grundlegende Voraussetzung, die den meisten erst zur Wirkung verhalf, bestand in diesem elementaren Versagen. Die Freiheit blieb abstrakt. Ohne Brot und ohne Frieden aber wussten allzu viele sie nicht zu schätzen.

Dass die formale Neuordnung der inneren Verfassung, des Rechtswesens und auch der Landesverwaltung so schnell möglich war, dürfte nicht zuletzt auf die Existenz von »Brückenköpfen« und konkreter, allgemein liberalen Ideen entlehnter Programmvorstellungen zurückzuführen sein. Vorbilder für die Abschaffung ständischer Privilegien, für die Beseitigung der Todesstrafe – ein Akt von hohem symbolischen Wert (am 12. März) –, die Aufhebung jeder rechtlichen Diskriminierung aus religiösen, nationalen oder geschlechtlichen Gründen und die Garantie dieser Rechte durch unabhängige Gerichte fanden sich in allen demokratischen Staaten Westeuropas. Als Muster für die Reorganisation der staatlichen Strukturen vor Ort konnten die *zemstva* und die Stadtverwaltungen dienen. Beide brauchten im wesentlichen nur mit einem egalitären Wahlrecht versehen zu werden. Das neue Russland wurde auf diese Weise als mehrstufige parlamentarische Demokratie errichtet: angefangen von den reformierten, nunmehr mit gleicher Stimme gewählten *zemstva* schon auf *volost'* (Bezirk)-Ebene, über korrespondierende Versammlungen auf Kreis-und Gouvernementsebene und separat gewählte Stadtparlamente bis zur Reichsduma auf zentraler Ebene. Jedes Repräsentativgremium bestimmte seinerseits einen Exekutivrat und dessen Vorsitzenden bzw. eine Regionalregierung. Die Kommissare, die anstelle der zarischen Gouverneure eingesetzt worden waren, sollten ebenso wie die gesamte Zentralregierung nur provisorisch tätig sein. Denn dies war die politische Hauptaufgabe des neuen Regimes: die Wahlen für eine »Konstituierende Versammlung« vorzubereiten, der allein man die Berechtigung attestierte, eine neue Verfassung auszuarbeiten und einen neuen Staat zu begründen. Diese unbestrittene Prämisse aller Februarrevolutionäre war untadelig demokratisch und liberal. Sie hatte nur den einen – fatalen, wie sich herausstellte – Fehler: Entscheidungen von fundamentaler Wichtigkeit, vor allem die Agrarreform, über die Geduldsgrenze der Betroffenen hinaus zu verschieben.

Solche ehrenwerte, aber politisch unkluge Zögerlichkeit hatte umso schlimmere Folgen, als sich die Provisorische Regierung an der Lösung der drängendsten Alltagsprobleme die Zähne ausbiss. Sie vermochte weder die Versorgung sicherzustellen und die Wirtschaftskrise zu beheben noch Frieden zu schaffen. Mehr noch als an der aufgeschobenen Landreform (denn die Bauern nahmen sich im Laufe des Sommers selber, worauf sie ein Anrecht zu haben glaubten) scheiterte das Februarregime an diesen Herausforderungen.

Lebensmittelknappheit und Hunger waren ein Erbe des Weltkrieges. Vergeblich hatte der alte Staat versucht, dieser Konsequenz von Massenrekrutierungen auf dem Dorfe, planloser Preispolitik und unkoordinierter staatlicher Aufkaufkampagnen Herr zu werden. Nicht zuletzt die Unfähigkeit, genügend Brot und Milch in die Städte zu transportieren, hatte ihn einstürzen lassen wie ein Kartenhaus. Entsprechend groß waren die Erwartungen an das neue Regime und der Druck, der auf ihm lastete, vor allem diese Not zu lindern.

Dabei vertrauten die Liberalen naturgemäß zunächst auf die Marktkräfte und lehnten es ab, ein Staatsmonopol auf den Getreidehandel zu errichten. Der Sowjet und die hinter ihm stehende einfache Bevölkerung zwangen sie jedoch schon bald zur Umkehr. Nicht nur geernteter Weizen, sondern sogar die Saatflächen selbst wurden Ende März unter staatliche Obhut gestellt. Doch selbst solch rigorose Intervention nutzte nichts. Ebenso wenig wie der Monarchie gelang es der revolutionären Republik, eine ausreichende Produktion von Grundnahrungsmitteln sicherzustellen. Womöglich hätten Zwangseintreibungen Abhilfe geschaffen. Aber sie vertrugen sich nicht mit der neuen Freiheit und blieben tabu. So verhinderten die Prinzipien des neuen Regimes selber, dass es eine seiner größten Herausforderungen meisterte.

Dass die russische Armee im Weltkrieg kläglich versagt habe, ist nur die halbe Wahrheit. Zwar erlitt sie zu Beginn der Kämpfe, Ende August 1914, jene empfindliche Niederlage bei Tannenberg, die den deutschen Sieger Hindenburg zur Legende werden ließ, und auch danach hatte sie gegen die Reichswehr keine Chance. Darüber ist aber vergessen worden, dass die galizische Offensive unter General Brusilov gegen das österreich-ungarische Heer im Sommer 1916 durchaus erfolgreich verlief. Die Schwäche der zarischen Armee lag weniger in ihrer Moral und Ausrüstung als in ihrer inneren Zerrissenheit. Das Militär war auch im Zarenreich Abbild der Gesellschaft, und die Kluft zwischen Grundherren und einstigen Leibeigenen wiederholte sich in der spannungsgeladenen Distanz zwischen (adeligen) Offizieren und (bäuerlichen) Rekruten. Vor diesem Hintergrund war es kaum verwunderlich, dass Klassenkampfparolen nicht zuletzt in der

Armee zündeten und die Soldaten – mehr noch als die Arbeiter – im Laufe des Jahres 1917 zum entscheidenden Rückhalt der radikalen Revolution wurden. Vor allem an der Front verband sich mit den sozialen Gegensätzen die Friedensfrage. Die Bauern in Uniform wollten nach Haus: um dem Gemetzel zu entfliehen, um den Schikanen der Offiziere zu entgehen und um dabei zu sein, wenn die Dorfgemeinde – nach dem Sturz der Monarchie – das Land neu verteilte.

Es lähmte die Provisorische Regierung in letaler Weise, dass sich gerade in dieser Hinsicht ein unüberbrückbarer Gegensatz zum Petrograder Sowjet auftat. Den »Befehl Nr. 1« hatte sie hingenommen, weil ihr nichts anderes übrig blieb. Aber sie tat sofort alles, um ihn zu neutralisieren und dem befürchteten Zusammenbruch der Hierarchie vorzubeugen. Der neue Außenminister Miljukov wollte den Krieg aus außen- und innenpolitischen Gründen fortsetzen: um Bündnistreue gegenüber Frankreich und Großbritannien zu demonstrieren, um das nationalpatriotische Ziel des Sieges über Deutschland zu erreichen – und um das revolutionäre Russland auch innerlich an diese demokratisch-liberalen Staaten heranzuführen. Demgegenüber sah sich der Sowjet in der Pflicht, die Soldaten nicht nur (z. B. durch das Verbot des immer noch üblichen erniedrigenden »Du« in der »Deklaration der Soldatenrechte«) zu gleichberechtigten Bürgern zu erheben, sondern auch ihren Aufstand gegen die Befehlsgewalt der Offiziere zu unterstützen. Er wollte die Revolution in die Regimenter und Garnisonen tragen, das *Ancien régime* auch hier beenden.

Keiner Begründung bedarf, dass sich beide Ziele kaum miteinander vereinbaren ließen. Wohl gelang es noch einigermaßen, die Disziplin der Truppe durch mäßigende Aufrufe des Sowjets zu erhalten. Die Soldatenkomitees respektierten Offiziere, die durch Kompetenz überzeugten. Desertionen blieben bis Mitte Mai selten. Ähnlich fand man in der Friedensfrage einen Kompromiss, dem allerdings der Makel unverbindlicher Formelhaftigkeit anhaftete. In einer Erklärung vom 27. März proklamierten Sowjet und Regierung, »weder Annexionen noch Kontributionen« – dies die Losung der »revolutionären Demokratie« – anzustreben. Zugleich bekräftigten sie aber, dass Russland nicht gedemütigt aus dem Krieg hervorgehen dürfe und also weiterkämpfen müsse. Dem Außenminister genügte dies nicht. Als die Westmächte förmlich von der Sowjetresolution unterrichtet wurden, beeilte er sich, eine Note anzufügen, die den Annexionsverzicht nicht erwähnte, die russische Bündnistreue aber umso deutlicher hervorhob. Sie wurde ausgerechnet am »Tag der Arbeit« (dem 18. April a.St. = 1. Mai n.St.) bekannt und fachte die ohnehin aufgeheizte Stimmung der demonstrierenden Massen weiter an. Die Regierung stürzte in eine Krise, die sie zwar dank der Hilfe des Sowjets überstand, aber ihre Tage waren gezählt. Deutlicher als zuvor hatte sich gezeigt, wo die politische Macht wirklich lag. Der Eintritt der gemäßigten, den Sowjet tragenden Menschewiki und Sozialrevolutionäre in das Kabinett war unvermeidlich geworden.

Auch die Koalitionsregierung kam vom Menetekel des Krieges nicht los. In der Klemme zwischen unvereinbaren Forderungen versuchte sie das Unmögliche: beides zu tun. Indes zerstob der Plan einer internationalen sozialdemokratischen Friedenskonferenz, den sie voranzutreiben suchte. Was blieb, war die Wiederaufnahme der weitgehend erlahmten Kämpfe. Auf Drängen Frankreichs, das Entlastung im Westen wünschte, begann die nach dem neuen Kriegsminister
→S.103 Alexander F. Kerenskij (**Köpfe der Revolution**), einem Sozialrevolutionär, benannte – Offensive am 18. Juni. Sie sollte die letzte sein. Trotz überlegener Kräfte kam der Vormarsch kaum voran und brach bereits am dritten Tag zusammen. In jeder Hinsicht erreichte er das Gegenteil von dem, was er bewirken sollte: Militärisch barsten alle Dämme, fortan begann die Massendesertion und Selbstauflösung der Armee. Politisch war die Regierung – und das hieß nun: das gesamte Februarregime – in den Augen vieler desavouiert. Das Vertrauen schwand, die Stunde seiner radikalen Gegner rückte näher.

Dazu trug schließlich, neben der ungelösten Versorgungs- und Friedensfrage, auch die fortschreitende Krise der städtischen Industrie bei. Zunächst sahen die Arbeiter wie die hauptsächlichen Gewinner der Februarrevolution aus. Sie kamen in den Genuss uneingeschränkter Organisationsfreiheit. In den Fabriken bildeten sich Komitees, die trotz aller Kooperation die syndikalistische Neigung bewahrten, eigene Interessen besonders zu bedenken. Wenig später erlebten die Gewerkschaften eine Wiedergeburt und einen nie dagewesenen Zulauf. Trotz ihrer prominenten Rolle in der Provisorischen Regierung gerieten die Unternehmer in die Defensive. Getragen von der Euphorie siegreicher Streiks und Demonstrationen setzten die Arbeiter ihr Hauptziel, den Achtstundentag, in Petrograd und Moskau weitgehend durch. Parallel dazu erzwangen sie Mitspracherechte bei der Unternehmensführung und beträchtliche Lohnerhöhungen, die sich im März auf 35–50 % beliefen und im Mai 210 % erreichten.

Doch spätestens um diese Zeit wendete sich das Blatt. Der enorme Lohnzuwachs brachte schon keinen realen Gewinn mehr, sondern diente vor allem dem Inflationsausgleich. Mit der Geldentwertung grassierte die Arbeitslosigkeit. Immer mehr Betriebe mussten schließen. Die von Marxisten und Anarchisten verklärte Bewegung der »Arbeiterkontrolle«, die im Sommer ihren Höhepunkt erreichte, entsprang zumeist nur dem verzweifelten Versuch der Fabrikräte und Belegschaften, ihre maroden Betriebe selbst in die Hand zu nehmen, um deren Überleben zu sichern. Ihre Bemühungen blieben vergebens. Der Zusammenbruch des Transportwesens, vor allem des Schienenverkehrs, Brennstoffmangel und andere Faktoren mehr verursachten einen Produktionsrückgang von durchschnittlich 30 %, sektoral und lokal deutlich mehr. In den großen Städten boten Rationierung und Kartenausgabe keine Gewähr mehr für die tatsächliche Zuteilung von Lebensmitteln. Arbeitslosigkeit, Inflation und Not speisten seit Mai eine neue Streikwelle, die den ganzen Sommer über anhielt und auf ihrem Höhepunkt, im Oktober, 1,2 Mio. Menschen auf die Straße brachte. Das städtische Russland, Petrograd voran, versank im Chaos. Da nutzte es wenig, dass es vermutlich jeder Regierung, wie ein Blick auf die anderen kriegführenden Staaten nahe legt, äußerst schwer gefallen wäre, den wirtschaftlichen Verfall mit all seinen Folgen aufzuhalten. Die Koalitionsregierung und ihr menschewistischer Arbeitsminister Matvej Skobelev, der seit Juni überdies immer häufiger zur Mäßigung bei Forderungen nach Lohnerhöhungen, Arbeitszeitverkürzung oder sozialer Sicherung aufrief, wurden verantwortlich gemacht.

Zu solchen Turbulenzen gesellte sich eine fundamentale Krise der staatlichen Autorität. Die neue Regierung hatte schon Mühe genug, sich im russischen Kernland Respekt zu verschaffen. Gestützt auf ihre Kommissare installierte sie hier eine Verwaltung, deren Anordnungen annähernd befolgt wurden. Außerhalb aber stand sie auf verlorenem Posten. Schon die erste Revolution von 1905–06 hatte nationalen Bewegungen einen starken Impuls gegeben, die während der zweiten Hälfte des 19. Jahrhunderts in vielen Regionen des Zarenreichs entstanden waren. Vor allem in der Ukraine, aber auch im Baltikum, im Kaukasus und in Mittelasien überlebte dieser Anstoß die zentralistisch-repressive Politik, zu der die Reichsregierung nach dem Ende der Unruhen 1907 zurückkehrte. Wie die bäuerliche Sehnsucht nach Land zog sich der Wunsch nach einem Nationalstaat, der im zarischen Imperium nur als Sezession zu verwirklichen war, in die Halb- oder Illegalität zurück und wartete gleichsam auf die nächste Chance. Diese kam mit dem Sturz der Autokratie. Kaum brach der Zentralpfeiler, um den das Reich gebaut war, zusammen, begannen die nichtgroßrussischen Regionen, in denen es nennenswerte nationalseparatistische Bewegungen gab, sich selbst zu organisieren und zum Teil eigene Regierungen zu bilden. Faktisch wurde der Gesamtstaat nach dem Februar zur Fiktion.

Die Provisorische Regierung weigerte sich aber, dies anzuerkennen. Großrussischer Patriotismus gehörte zu ihren Attributen. Bei den Oktobristen hatte er in der Wiege gelegen. Die kadettischen, menschewistischen und sozialrevolutionären Minister verdrängten, was sie den nichtrussischen Nationalitäten in der ersten Revolution versprochen hatten und großenteils noch immer in den Programmen stand: sie selbst über ihre Zukunft bestimmen zu lassen. Stattdessen versuchten sie auch in dieser Frage, alles offen zu halten und verwiesen auf das alleinige Recht der Konstituierenden Versammlung, die Frage der Grenzen des Reiches zu entscheiden. Dies erklärten sie auch einem großen »Kongress der Völker«, der im September in Kiev zusammenkam und den föderalistischen Umbau des Staates forderte. Was aber die Regierung tatsächlich dachte, deutete die Haltung ihres Außenministers einen Monat später in den ersten Beratungen über eine Nachkriegsordnung in Paris an. Er wollte lediglich der Unabhängigkeit Polens, Litauens und Lettlands zustimmen, und auch dies nur schweren Herzens.

Zur Nagelprobe kam es freilich nur in einem Fall, im schwierigsten. Auch in der Ukraine hatte sich nach dem Sturz der Autokratie eine Doppelherrschaft aus »bürgerlicher« Regierung (*Rada* = ukr. Rat) und einem Arbeiter- und Soldatenrat gebildet. Allerdings gaben hier die jeweils nationalen Organisationen der Sozialrevolutionäre und Sozialdemokraten den Ton an, die sich schon vor dem Weltkrieg verselbständigt hatten. Das nationale Band, das Rada und Sowjet auf diese Weise einte, begünstigte nicht nur eine frühe Koalitionsbildung. Es schmiedete auch gegen einen gemeinsamen Feind zusammen, der beiden weltanschaulich eigentlich nahe stand: die großrussische Zentralregierung. Als die Rada am 10. Juni die Ukraine für selbständig erklärte und das erste eigene Dekret erließ, war die Konfrontation nicht mehr aufzuhalten. Der Ukraine kam aber mit ihren fruchtbaren Lößböden, der modernen Eisenverhüttung im Süden und der großen Bevölkerung ein solches Gewicht zu, dass sich die Zentralregierung gezwungen sah, nach einem Kompromiss zu suchen. Ihre Emissäre erwirkten den relativierenden Vorbehalt, dass erst die Konstituierende Versammlung endgültig über die Frage einer Autonomie entscheiden könne. Dafür mussten sie die ukrainische Teilregierung vorläufig anerkennen. Schon dies wollten die Kadetten nicht hinnehmen und verließen die Koalition. Eine wirkliche Lösung fand man vor dem bolschewistischen Oktobercoup nicht mehr. Es blieb beim Status quo.

Die Russische Revolution ereignete sich in einem Agrarland. Bauern stellten die große Mehrheit der Bevölkerung (gut 80%). Auch wenn es Arbeiterstreiks waren, die das alte Regime im Oktober 1905 zum Verfassungsversprechen zwangen und es, vom Generalstab toleriert, im Februar 1917 stürzten, brach ihm erst der Bauernaufstand das Genick. Nach wie vor ruhten Körper und Seele der Autokratie auf dem Land: Der Adel trug sie administrativ und kulturell, das Dorf ernährte sie. Die Städte, Handel, Gewerbe und Industrie spielten demgegenüber, ungeachtet der politisch und strategisch zentralen Funktion vor allem von Petrograd und Moskau, aufs Ganze gesehen eine untergeordnete Rolle. So wie die Agrarreform das Geschehen in der ersten und zweiten Duma beherrscht hatte, so bildete sie auch 1917 das entscheidende Problem.

Zwar standen die Bauern beiseite, als die Autokratie fiel. Aber sie sekundierten dem Ereignis sofort. Anhänglichkeit an »Väterchen Zar« ließen sie kaum erkennen; stattdessen nutzten sie die Gelegenheit und taten, was sie seit Jahrhunderten in Zeiten der An-Archie getan hatten: Sie überfielen, wenn auch noch sporadisch, »Adelsnester« und nahmen sich, worauf sie einen – durch ihre Arbeit begründeten – Anspruch zu haben glaubten.

Eben diese zustimmende Gewalt prägte die Haltung der städtischen Revolutionäre zutiefst. Zum einen erhöhte sie den enormen Erwartungsdruck, der auf ihnen lastete, und unterstrich die Bedeutung der Agrarfrage nachdrücklich. Zum anderen nährte sie die eingestandene oder unterschwellige Furcht vor der Vehemenz und Unsteuerbarkeit der bäuerlichen Rebellion. Auch daraus wird man die

Eile verstehen können, mit der die Provisorische Regierung über die Gouvernements- und Kreiskommissare hinaus *Volost'*-Komitees einsetzte, die in den Dörfern selbst bis zur regulären Wahl für Recht und Ordnung sorgen sollten. Sie erwies sich damit jedoch einen Bärendienst. Da kurzfristig kaum geeignetes Personal zu finden war und sie auch Adelige zulassen musste, fanden sich aus bäuerlicher Sicht unter den neuen »Herren« allzu viele alte.

Als die Wahlen dann stattfanden, verschmolzen die neuen Komitees faktisch mit den Gremien, die in den russischen Dörfern, den staatlichen ebenso wie den »privaten« – hier unterhalb der Gutsherren –, schon seit Jahrhunderten die Macht ausübten: die Gemeinden (*obščina*) in Gestalt der Versammlung der Familienvorstände. Der Rückgriff auf diese Einrichtung war nahezu zwangsläufig. Sie konnten die größte Autorität, die Tradition, für sich in Anspruch nehmen. Sie waren ebenso akzeptiert wie die Verfahren der Beschlussfassung, der Steuerumlage, der Landumteilung, der höheren Gewichtung stärkerer Schultern und andere Regelungen mehr, die von ihr getroffen wurden. Diese Aufwertung der *obščina* stand im Einklang mit den Wünschen der Bauern, weil sie die – zumeist mit Unterwerfung und Ausbeutung verbundene – Fremdherrschaft der Gutsherren und der staatlichen Obrigkeit beendete. Sie bescherte dem Dorf tatsächlich weitgehende Selbstverwaltung, lockerte aber auch seine Verbindung mit dem Gesamtgeschehen.

Offen mag bleiben, ob auch die Grundsatzentscheidung, die Bodenreform bis zur Konstituierenden Versammlung aufzuschieben, durch die Gewalterfahrung beflügelt wurde. Vermutlich wäre sie, wie bei allen Fragen solcher Tragweite, in jedem Fall getroffen worden. Die fatalen Folgen blieben davon unberührt: Das Kernproblem einer neuen Gesellschaftsordnung wurde so lange vertagt, bis die Bauern die Geduld verloren und fremdes Land ohne Erlaubnis besetzten. Damit schied das Dorf aus dem revolutionären Geschehen aus. In der Folgezeit war es vollauf mit sich und der Verteilung seiner

Beute beschäftigt. Was in den Städten geschah, interessierte wenig. So rührte sich auf dem Dorf auch keine Hand, als die Gegner der Provisorischen Regierung zum Angriff bliesen.

Dies war umso eher der Fall, als die Vorbereitungskomitees für die Landreform, die am 21. April eingerichtet wurden, in den Augen der Bauern nichts Entscheidendes zustande brachten. Auf den unteren Ebenen, in den *volosti*, Kreisen und Gouvernements, sollten sie nur Material sammeln und darauf achten, dass keine vorgreifenden *faits accomplis* geschaffen wurden. Das Hauptkomitee an der Spitze war mit 161 Mitgliedern zu groß für effektive Arbeit. Als der bekannteste Politiker und theoretische Kopf der Sozialrevolutionäre, Viktor Černov →S. 103 (**Köpfe der Revolution**), bei der ersten Koalitionsbildung Landwirtschaftsminister wurde, erkannte er die große Gefahr eines Vertrauensverlusts bei den Bauern, der gerade seiner Partei großen Schaden zufügen musste. Gegen die argwöhnischen Liberalen verkündete er Mitte Juli ein Dekret, das den örtlichen Landkomitees zusätzliche, wenn auch immer noch sehr beschränkte Kompetenzen verlieh. Dabei setzte er nachgerade auf das »Missverständnis« seitens der Bauern, dadurch faktisch weitgehende Regulierungsvollmachten zu erhalten. Auch diese Maßnahme blieb jedoch weit hinter den Erwartungen der Bauern zurück. Sie reichte nicht aus, um ihren Unmut zu besänftigen und sie zu bewegen, die »Schwarze Umteilung« im Vertrauen auf eine gesetzliche Regelung zu verschieben.

Ein Übriges tat die Demission Černovs Ende August. Als der Landwirtschaftsminister erkennen musste, dass die Liberalen im Bund mit dem rechten Flügel seiner eigenen Partei nicht bereit waren, eine nennenswerte Agrarreform zuzulassen, warf er das Handtuch. Auch der Bauernsowjet, von konservativen Sozialrevolutionären beherrscht, übte keinen Druck in dieser Richtung aus. Umso eher sah sich das Dorf in seinem tief verwurzelten Misstrauen gegen den Staat bestätigt und griff verstärkt zur Selbsthilfe. Gewaltakte gegen Gutsherren und die Besetzung ihrer Ländereien, zumeist im Kollektiv der *obščina* begangen, nahmen zu. Was im Frühjahr begonnen hatte und im Sommer zur Erntezeit – wie seit Jahrhunderten dem saisonalen Zyklus folgend – leicht abebbte, weitete sich im Frühherbst zu einem Flächenbrand aus, wie man ihn seit der *grande peur* zwölf Jahre zuvor nicht mehr gesehen hatte. Es gab keine Zentralgewalt mehr, die das hätte verhindern und die alten Besitzverhältnisse bis zu einer Neuordnung hätte schützen können. Vielmehr galt umgekehrt, dass sich jede neue Staatsmacht zumindest auf die passive Loyalität des Dorfes stützen musste. Wer aber diese erringen wollte, musste ihm glaubwürdig versichern, den Revolutionsgewinn: das annektierte Land behalten zu dürfen.

Für das Schicksal des Februarregimes wurde entscheidend, dass es eine solche politische Kraft tatsächlich gab. Sie machte seit dem Frühjahr lautstark auf sich aufmerksam, probte Anfang Juli in Gestalt einer Demonstration den Aufstand und wuchs im Spätsommer und Frühherbst, getragen vor allem von der Sympathie kriegsmüder Soldaten und stellungsloser, vom Hunger bedrohter Arbeiter zur existentiellen Bedrohung der Provisorischen Regierung heran. Dieser Gegner waren die Bolschewiki unter der unbestrittenen Führung Lenins (**Köpfe der Revolution**). Ihr Aufstieg im September markierte →S. 103 den Machtverfall der Koalition. Was die einen verloren, gewannen die anderen hinzu. Dabei geht der Vorwurf der Aufwiegelung der Straße zwar gewiss nicht ins Leere. Aber er drängt die wichtigere Frage in den Hintergrund, warum sich die einfachen Leute insbesondere der Hauptstädte in so großer Zahl, wenn auch nur temporär, vor den bolschewistischen Karren spannen ließen. Die wichtigsten Stationen des Aufstiegs zeigen, dass er nicht unvermeidlich war. Versäumnisse und Misserfolge der Regierung bereiteten den Feinden der liberalen Revolution den Weg.

In den umwälzenden Februartagen noch hatte man die Bolschewiki kaum bemerkt. Sie waren nicht nur eine Minderheit, die den Menschewiki und Sozialrevolutionären das Feld überlassen mussten. Unter dem Gewerkschafter Alexander Šljapnikov stimmten sie auch der Bildung einer bürgerlichen Regierung zu. Sie folgten damit sowohl dem Parteiprogramm von 1903 und seiner Aussage, dass die halbfeudale Autokratie zunächst einer »bürgerlichen Revolution« nach französischem Vorbild Platz machen müsse, als auch den anderen, überwiegend gemäßigten revolutionären Parteien. Erst die Rückkehr Lenins aus dem schweizerischen Exil am 3. April – im berüchtigten plombierten Waggon der Reichsbahn quer durch Deutschland – änderte ihr Verhalten. Was Lenin anderntags in einer seiner stakkatohaft hämmernden Reden verdutzten Zuhörern einzubläuen suchte, lief auf eine völlige Kehrtwende der bisherigen Theorie und Praxis hinaus. Diese »Aprilthesen« erklärten die »bürgerliche« Etappe der Revolution für beendet, behaupteten, dass der »Übergang zum Sozialismus« begonnen habe, und sagten der Provisorischen Regierung in neuer Unversöhnlichkeit den Kampf an. Fortan hatten die Liberalen und die moderaten Mehrheitsfraktionen von Menschewiki und Sozialrevolutionären einen Feind, der alles oder nichts wollte und absolute Gewissheit über den unabänderlichen Gang der Weltgeschichte für die Richtigkeit seiner weltanschaulichen und taktischen Positionen in Anspruch nahm. Lenins Worte erstickten jeden Gedanken an eine Gemeinsamkeit der ehemaligen Opposition und hissten, wie Gegner ihm vorwarfen, die »Fahne des Bürgerkriegs inmitten der revolutionären Demokratie«. Taktisch und programmatisch begann der Rote Oktober im April.

Als Lenin diese Botschaft seiner Thesen vor dem ersten Allrussischen Kongress der Arbeiter- und Soldatendeputierten, der im Juni gleichsam zur gesamtstaatlichen Revolutionsfeier in Petrograd zusammenkam, in die – rückblickend prophetischen – Worte kleidete, seine Partei sei »zu jeder Zeit bereit«, die alleinige Macht zu übernehmen, erntete er noch Hohn und Spott. Denn die Bolschewiki stellten gerade mal 105 von 822 Teilnehmern und waren im Vergleich zu 248 Menschewiki und 285 Sozialrevolutionären nach wie vor deutlich in der Minderzahl. Doch den Delegierten verging die Heiterkeit schon bald. Sie vergaßen, dass in Petrograd eine andere Stimmung herrschte als in der weiten Provinz, woher die meisten von ihnen kamen. Am selben 18. Juni, als die fatale (Kerenskij) Offensive begann, fand in der Hauptstadt eine Kundgebung gegen die geplante Räumung des anarchistischen Hauptquartiers statt – und die regimetragenden Parteien mussten erkennen, dass nicht *ihre* Parolen die Spruchbänder der Demonstranten zierten, sondern bolschewistische.

Weil sich die Lage nicht beruhigte, konnte eine Kraftprobe nicht lange auf sich warten lassen. Angesichts der Drohung, an die Front verlegt zu werden, riefen bolschewistische Angehörige eines Maschinengewehr-Bataillons der Petrograder Garnison zum Widerstand auf. Sie drängten ihre örtlichen Parteiführer zur Organisation eines bewaffneten Protestmarsches (am 4. Juli), den die Provisorische Regierung mit guten Gründen als Rebellion wertete. Die Bolschewiki konnten sich aber nicht entscheiden. Weder gab es einen Plan noch Führung. Auch Lenin zeigte sich nur kurz und machte aus seiner Meinung kein Hehl, dass der Aufstand zu früh komme. In der Tat behielten die »rechten« Mehrheitsfraktionen von Menschewiki und Sozialrevolutionären und die von ihnen getragene Regierung die Oberhand. Den Bolschewiki blieb nichts anderes übrig, als ihre Anhänger zurückzurufen. Aufgeschoben war aber nicht aufgehoben. Das Februarregime reagierte zwar postwendend und richtig. Es verbot die Partei, die es so offen herausgefordert hatte. Lenin suchte in Finnland (das weitgehende administrative Autonomie genoss) Zuflucht und dirigierte seine Partei von hier aus; Trotzki (**Köpfe der Revolution**) und andere Parteiführer wurden inhaftiert. Die große Frage aber blieb, wie lange man stark genug sein würde, dem Verbot auch faktische Geltung zu verschaffen. →S. 103

Die Wende kam Ende August. Zwei Faktoren brachten sie zustande: die ungebremst fortschreitende Wirtschafts- und Versorgungskrise und der so genannte Kornilov-Putsch. Wohin die Unfähigkeit der Februarregierung führte, der Arbeitslosigkeit, der grassierenden Inflation und der materiellen Verelendung Herr zu werden, schien erstmals am 20. August schlaglichtartig bei den Wahlen zum Petrograder Stadtparlament (*Duma*) auf. Zwar behaupteten die Sozialrevolutionäre die Mehrheit, die sie bei den ersten demokratischen Neuwahlen im Juni erreicht hatten. Aber es waren die Bolschewiki, die mit einem Stimmenanteil von 33,4% im Vergleich zu bescheidenen Ergebnissen zwei Monate zuvor eine Sensation verursachten.

In diese Phase wachsender Sympathien fiel ein Ereignis, das für Lenins Partei kaum günstiger hätte ausgehen können: ein Putschversuch der Armee. Was genau der neue Oberbefehlshaber Lavrentij Kornilov vorhatte, ob er den Ausnahmezustand, den er forderte, nur zu einer Kabinettsumbildung nutzen wollte oder doch zu einer restaurativen Politik, wer welche Nachricht überbrachte oder telegraphische Informationen absichtlich oder unabsichtlich missverstand, wird sich kaum mehr definitiv ermitteln lassen. Die Versuche aber, ihn vom Staatsstreichvorwurf zu befreien und Kerenskij zum eigentlichen Umstürzler zu erklären, vermögen nicht zu überzeugen. Stattdessen spricht alles für die mehrheitliche Meinung, dass Kornilov gezielt nach der politischen Macht griff. Als Kerenskij ihn absetzte, verweigerte er den Gehorsam und gab den Befehl, die Hauptstadt einzunehmen. Überwiegend kamen die Truppen nicht so weit; Eisenbahner dirigierten die Transportwaggons wie einst den zarischen Sonderzug auf Abstellgleise. Nur die »wilde Division« kaukasischer Kämpfer drang bis vor die Tore der Stadt vor, wo sie von den bewaffneten Milizen der Bolschewiki zurückgeschlagen wurde. So endete der Putschversuch in den letzten Augusttagen mit deren faktischer und bald auch rechtlicher Rehabilitierung: Die Roten Garden erwiesen sich als die einzig zuverlässigen Verteidiger der Revolution.

Vorderhand aber war das Februarregime gerettet und erhielt eine neue Chance zur Stabilisierung. Die Minister traten zurück, Gespräche über eine neue Koalition begannen. Stein des Anstoßes für Teile der Menschewiki und Sozialrevolutionäre war dabei abermals die Beteiligung der Liberalen. Dass viele Kadetten Kornilov nicht energisch entgegengetreten waren, machte die Gespräche nicht leichter. Hilfe sollte – nach einer ergebnislosen »Staatsberatung« aller politischen Kräfte Mitte August – eine »Demokratische Konferenz« bringen, die nun allein die »revolutionäre Demokratie« zusammenführen sollte (14.–23. September). Nur mit Mühe brachten deren politische Strategen die Versammlung dazu, noch einmal einer Koalition mit den Kadetten zuzustimmen. Mehr Erfolg versprach, zumindest von seiner personellen Zusammensetzung her, der »Demokratische Rat« (auch »Vorparlament« genannt), den die Versammlung als ständiges Gremium mit der Aufgabe wählte, die Arbeit der »Constituante« vorzubereiten.

Doch nicht deshalb ist der Demokratische Rat in die Annalen der Revolution eingegangen. Das Verdienst, dies bewirkt zu haben, gebührt vielmehr Leo Trotzki. Als der Statthalter Lenins (der sich noch verborgen halten musste), wie stets mit großem Gestus und polemisch-geschliffener Rhetorik, den Boykott der Bolschewiki begründete, musste jeder begreifen, dass es die eigentlichen Profiteure der vergangenen Turbulenzen nicht mehr für nötig hielten, an den Debatten über die Zukunft des Februarregimes teilzunehmen. Vielmehr setzten sie auf dessen Sturz und konnten bald auch seine symbolische Vorwegnahme feiern: Am 25. September löste Trotzki den Menschewiken Čchejdze als Vorsitzenden des Petrograder Arbeiter- und Soldatensowjets ab. Dieser Wechsel war kein bloß personeller, sondern ein programmatischer.

Roter Oktober

Indes führte kein direkter Weg vom Popularitätsgewinn zum Staatsstreich. Vermutlich hätten die Bolschewiki ihn auch gar nicht beschritten, wenn nicht einer mit enervierender Hartnäckigkeit darauf bestanden hätte. Dieser eine war Lenin. Dank seiner Autorität und getrieben von unerschütterlicher Selbstgewissheit gelang es ihm im Laufe des September abermals, den widerstrebenden Spitzengenossen *seine* Lageanalyse aufzuzwingen und den bewaffneten Aufstand auf die Tagesordnung zu setzen. Es sei »vollendete Idiotie« oder »Verrat«, ließ er seit Mitte September in mehreren Briefen aus seinem Versteck wissen, die Sympathie der Massen und die tiefe Krise des Regimes nicht zu nutzen. Und er drohte, wohl wissend, dass die Partei ohne ihn kaum überleben konnte, sogar mit Austritt und eigenmächtiger Agitation, wenn das Zentralkomitee seinen Vorschlägen nicht unverzüglich folge.

Es spricht für die Bedeutung der Persönlichkeit in dieser entscheidenden Situation, dass Lenin sich abermals durchsetzte. Die Adressaten wanden sich zwar und ignorierten die Appelle drei Wochen lang. Doch dann bröckelte der Widerstand. Am 10. Oktober traf sich das ZK hoch geheim im Hinterzimmer einer Petrograder Wohnung. Auch Lenin nahm, bartlos und mit falschen Haaren, erstmals seit der erzwungenen Illegalität teil. Seiner Willenskraft und seinem Charisma, das ihm auf seine Weise zweifellos zu eigen war, vermochten sich die Anwesenden nicht zu entziehen. Die Versammlung beschloss, wie von Lenin gefordert, die »kapitalistischen Minister« des Februarregimes im Alleingang durch eine bewaffnete Erhebung zu stürzen.

Einzig Grigorij Zinov'ev und Lev Kamenev blieben bei ihrer abweichenden Meinung. Obwohl sie zu den bekanntesten und angesehensten Parteimitgliedern gehörten, scheute Lenin nicht davor zurück, ihren Ausschluss zu fordern. Toleranz gehörte nicht zu seinen politischen Tugenden. So weit mochte das ZK nicht gehen, aber Lenins Kurs wurde nicht mehr in Frage gestellt. Beides verdient, festgehalten zu werden: der Widerstand gegen einen illegitimen, isolierten
→S. 100 Staatsstreich *und* der letztliche Sieg Lenins über seine **innerparteilichen Gegner**.

Allerdings muss offen bleiben, ob der Beschluss in dieser Form hätte verwirklicht werden können. Es bedurfte weiterer Umstände, um dies möglich zu machen. Dabei leistete Deutschland abermals (ungewollte) Hilfe. Die Reichswehr hatte Ende September Riga genommen und drang weiter nach Osten vor. Zur Verteidigung plante die Provisorische Regierung, einige Regimenter der hauptstädtischen Garnison zu mobilisieren. Dies rief nicht nur deren Widerstand und erhöhte Bereitschaft hervor, bolschewistischen Parolen zu folgen. Auch die moderaten Mehrheitsparteien im Sowjet meinten, dass es gut sei, der Regierung auf die Finger sehen, und riefen am 15. Oktober zum Zwecke eigener Planungen für den Verteidigungsfall ein »Militärisches Revolutionskomitee« ins Leben. Die Bolschewiki erkannten die Chance, die sich ihnen damit bot: den Umsturz im Schutze der Legalität und des Sowjets vorzubereiten. Erfinder dieser Strategie war Trotzki, der sich spätestens damit als kongenialer Putschführer profilierte. Lenin und Trotzki waren für die Möglichkeit des Roten Oktober ebenso unverzichtbar wie die aktive und passive Unterstützung Petrograder Arbeiter und Soldaten.

Trotz der Beteiligung anderer Sowjetparteien gelang es den Bolschewiki schnell, das Komitee zu dominieren. Dabei half die Unterstützung einiger Linker Sozialrevolutionäre, die den Vorsitzenden stellten und deren Kooperation mit den Bolschewiki hier faktisch begann. Unter maßgeblicher Beteiligung Trotzkis nahm das Komitee schon am 20. Oktober Verbindung mit den wichtigen Garnisonen auf. Auf deren Sympathie gestützt, forderte es vom – regierungstreuen – Oberbefehlshaber des Petrograder Militärbezirks das Recht zur Gegenzeichnung aller Befehle. Als dieses Ansinnen erwartungsgemäß abgelehnt wurde, ernannte es eigene Kommandeure für die einzelnen Regimenter und gab am 23. Oktober Order, nur seinen Anordnungen zu gehorchen. Damit war genau besehen der militärische Teil des Putsches schon beendet, bevor er für die Öffentlichkeit überhaupt begonnen hatte. Nur aufmerksame Beobachter bemerkten dies und forderten Trotzki auf, sich zu seinem falschen Spiel zu bekennen. Aber die Regierung blieb untätig. Ihr »kindliches Gemüt«, wie der scharfsichtigste Chronist der Ereignisse formulierte, wollte nicht wahrhaben, was geschah.

Das böse Erwachen aber brachte unvermeidlich der politische Umsturz selbst. Die Bolschewiki wollten dazu den zweiten Allrussischen Kongress der Arbeiter- und Soldatendeputierten nutzen, der nach mehrfachem Aufschub endgültig am 25. Oktober zusammentreten sollte. Am Vorabend hielt es Lenin nicht länger in seinem (seit September nach Vyborg, den Arbeitervorort Petrograds verlegten) Versteck. Trotz der Gefahr, in letzter Minute entdeckt zu werden, begab er sich ins Hauptquartier des Sowjets im Smolnyj-Institut. Wie er dort hinkam, ist oft als Beweis für die Leichtigkeit der ganzen Unternehmung gewertet worden: mit der Straßenbahn zum Auftakt einer Revolution, die die ganze Welt erschütterte.

Vom Smolnyj aus dirigierte Lenin die weiteren Geschehnisse. Die militärischen liefen von selbst. Das erwähnte Verteidigungskomitee besetzte schon in den Nacht- und ersten Morgenstunden des 25. Oktober die Bahnhöfe, Telegraphenämter, das Elektrizitätswerk und strategisch wichtige Straßen und Brücken Petrograds. Noch bevor der Alltag begann, war die russische Hauptstadt in der Hand der Aufständischen. Um keine Unsicherheit aufkommen zu lassen und den lähmenden Effekt vollendeter Tatsachen zu nutzen, ließ Lenin den Umsturz sogleich plakatieren. Damit griff er den Ereignissen weit voraus. In Wirklichkeit begann die Belagerung des Winterpalasts, in dem die Provisorische Regierung ihren Sitz hatte, erst am Nachmittag; sie endete gegen drei Uhr nachts am nächsten Tag (dem 26. Oktober) mit seiner Einnahme.

So lange konnte Lenin den Allrussischen Sowjet nicht vertrösten. Noch während die Belagerung andauerte, am Abend des 25. Oktober, betrat er den Plenarsaal, sich damit erstmals seit Juli in der Öffentlichkeit zeigend. Von stürmischem Beifall begleitet, verkündete er den Sturz der »kapitalistischen« Regierung und den Beginn einer neuen, proletarisch-«sozialistischen« Phase der Revolution. Der bolschewistische Coup sollte keine bloße Wachablösung sein.

Was damit geschehen war, erfüllte den Begriff des Staatsstreichs allemal, bedeutete aber noch keine Alleinherrschaft der Bolschewiki. Die Macht war, gemäß ihrem Slogan, an die Räte übergegangen. Unter deren 670 Deputierten, die sich zum zweiten Allrussischen Kongress versammelt hatten, sympathisierten nur 300 mit Lenins Partei, die übrigen rechneten sich anderen Parteien zu, vor allem den Sozialrevolutionären (193) und den gemäßigten Menschewiki (68). Zwar konnten die Bolschewiki davon ausgehen, dass sich unter den Sozialrevolutionären viele linke befanden, die ihnen näher standen als den »rechten« Parteigenossen. Aber über eine eigene, sichere Mehrheit verfügten sie nicht. Hinzu kam, dass unter den Delegierten (die, wohlgemerkt, aus ganz Russland kamen) das Gefühl weit verbreitet war, solidarisch handeln zu sollen – als Vertreter aller »Ausgebeuteten« (arme Bauern eingeschlossen) gegen die alte »bürgerliche« Regierung.

Diese Stimmung traf der Vorschlag, die Krise friedlich und gemeinschaftlich mit dem Ziel zu lösen, eine zwar vom Sowjet allein, aber von *allen* seinen Fraktionen getragene Regierung zu bilden. Julij Martov, angesehener Sozialdemokrat der ersten Stunde, führender Kopf der Menschewiki und im Kongress Sprecher der kleinen (14 köpfigen) internationalistischen Fraktion der Menschewiki, hätte den Bolschewiki damit beinahe das Heft aus der Hand genommen. Was sie rettete, kann mit guten Gründen als politische Dummheit von größter Tragweite bezeichnet werden: der Auszug der »rechten« Sozialrevolutionäre und Menschewiki aus der Versammlung. Gewiss war ihr Protest gerechtfertigt und verständlich. Aber sie hätten den Bolschewiki kaum einen größen Gefallen tun können, als das Feld zu räumen und eine Debatte zu boykottieren, deren Ausgang alles andere als entschieden war. So aber hatte Martovs Vorschlag keine Chance mehr.

Die übrig gebliebenen Linken Sozialrevolutionäre schlossen sich mit den Bolschewiki zusammen und stimmten in den frühen Morgenstunden des 26. Oktober einer Resolution zu, die zum Gründungsmanifest des Sowjetregimes wurde. Erst jetzt lag offen zutage, dass die Macht nicht an die Räte, wie die Erklärung erneut formulierte, sondern an die Bolschewiki übergegangen war.

Freilich schwebte noch Unsicherheit über dem Triumph. Zwar hatte man alle Minister verhaften können, aber nicht den Ministerpräsidenten. Kerenskij war auf dem Rücksitz der Limousine des amerikanischen Botschafters entkommen und befand sich auf dem Weg zum Oberkommandierenden der Nordfront in Pskov. Die Armee, die den Sturz der Monarchie im Februar toleriert hatte, sollte helfen, die Radikalisierung der Revolution rückgängig zu machen. Aber die Armee war nicht mehr die alte, sondern befand sich in wilder Auflösung. Der zuständige General konnte nur einen kleinen Stoßtrupp von tausend Soldaten und einen Panzerzug nach Petrograd schicken. Womöglich größere, politische Gefahr ging von den Eisenbahnern aus, denen erneut eine Schlüsselrolle zufiel. Ihre sozialrevolutionär und menschewistisch orientierten Führer drängten auf eine Lösung im Sinne des Martovschen Vorschlags. Vieles spricht für die These, dass die Konzessionsbereitschaft der Bolschewiki nie größer war als in diesen Tagen. Sie verschwand, als die Milizen des Militärischen Revolutionskomitees den Angriff der Nordfront-Soldaten am 30. Oktober abwehrten. Petrograd blieb bolschewistisch, der Export des Umsturzes nach Moskau und in die anderen größeren Städte des Reiches konnte beginnen.

Sozialistische Revolution

Es war sicher eine verharmlosende Feststellung, dass die Macht im russischen Oktober auf der Straße lag. Die Bolschewiki lasen sie nicht auf, sondern stürzten mit militärischer Gewalt eine legitime Regierung. Richtig an dieser Bemerkung aber war das eigentlich Gemeinte: dass es vergleichsweise einfach war, dies zu tun. Schon deshalb trifft auch der komplementäre Befund zu: Das Erstaunliche am bolschewistischen Coup war nicht seine Durchführung selbst, sondern die Dauerhaftigkeit seines Ergebnisses. Die neuen Herren gaben ihre Macht nicht wieder her, sondern verteidigten sie mit Zähnen und Klauen. Dabei scheuten sie von Anfang an nicht vor der Anwendung brutaler Gewalt zurück, die sich im Bürgerkrieg bis zur Massenvernichtung steigerte.

Zugleich schufen sie die institutionellen Grundlagen einer neuen wirtschaftlichen, sozialen und politischen Ordnung, die sie als sozialistisch zumindest im Sinn der Wegbereitung dorthin bezeichneten. Was sie auf diese Weise begründeten, veränderte sich im Laufe der Jahrzehnte mehrfach und durchaus qualitativ. Ein Merkmal aber blieb überwiegend (verblasst im Wesentlichen nur unter Stalin) erhalten: die herausragende Stellung der *Partei*. Dies war Lenins tiefstes Anliegen und dauerhaftes Erbe – die bolschewistische, später kommunistisch genannte Partei, in der er die treibende Kraft und Avantgarde der sozialistischen Umgestaltung sah, mit der obersten und unangefochtenen Verfügungsgewalt auszustatten. Die Partei besetzte alle Ämter und Funktionen in Staat, Wirtschaft, Gesellschaft und Kultur. Sie kontrollierte alles – ohne selbst kontrolliert zu werden. In diesem Sinne hat man das neue System »mono-organizational« (T. H. Rigby) genannt oder als Einparteienherrschaft bezeichnet.

In den Jahren der Revolution und der Frühzeit der Sowjetunion darf man auch davon ausgehen, dass sich zumindest ihre Führer mit voller Überzeugung und ohne überwiegend andere Motive in den Dienst der marxistischen Anschauung stellten. Lenin und seine Mitstreiter glaubten an die Ideologie, die sie verkündeten. Bei allem Pragmatismus verschrieben sie sich einem Ziel, das sie mit der absoluten Geltung einer historisch verbürgten Wahrheit ausstatteten. Daraus bezogen sie die Kraft der Einseitigkeit und die skrupellose Anmaßung, über Tod und Leben zu entscheiden. Wer nicht für den Roten Oktober und den Rätestaat war, war dagegen und durfte im Namen des rechten Glaubens und des unabänderlichen Gangs der Weltgeschichte aus dem Wege geräumt werden.

Alle diese Faktoren zusammen: die Polarisierung der russischen Gesellschaft durch den Oktobercoup, der ideologische Anspruch, einen neuen Typus von Gesellschaft (im breiten soziologischen Wortsinn) zu schaffen, und der radikale Umbau der demokratisch-kapitalistischen Februarordnung bewirkten zweifellos eine tief greifende Umwälzung. Der Rote Oktober war ein bloßer Staatsstreich; was danach kam, summierte sich zu einer Revolution.

Die ersten Maßnahmen bedurften keiner langen Überlegung. Sie ergaben sich entweder aus den Parolen und Versprechungen der vorangegangen Monate (»Alle Macht den Räten« für »Land, Brot und Frieden«) oder aus dem schieren Zwang der Machterhaltung. Bereits in den frühen Morgenstunden des 26. Oktober einigte man sich darauf, eine neue Regierung zu bilden. Ihre Mitglieder durften natürlich nicht »Minister« heißen und keinem »Kabinett« angehören. Um Worte nicht verlegen, prägte Trotzki den Begriff des »Volkskommissars«, den Lenin durch den »Rat der Volkskommissare« (SNK) als Bezeichnung ihrer Versammlung ergänzte. Vom zweiten Allrussischen Sowjetkongress am Abend bestätigt, gehörten der »Arbeiter- und Bauernregierung«, wie sie sich auch nannte, ausschließlich Bolschewiki an. Für den Vorsitz kam nur einer in Frage: Lenin. Die übrigen Ressorts fielen an bekannte Mitglieder der engeren Führung, darunter Stalin als Volkskommissar für Nationalitätenfragen. Trotzki, der das Außenressort übernahm, galt als zweiter Mann der Partei. Die Kritiker des Aufstands gingen leer aus.

In der Hektik der Ereignisse fiel niemandem auf, dass der neue Rat eigentlich überflüssig war. In der Systematik der Rätestruktur hatte er keinen Platz. Unter diesem Gesichtspunkt hätte das Zentrale Exekutivkomitee (CIK) des Sowjets die Regierungsgeschäfte übernehmen müssen. Der SNK war die Fortsetzung des Kabinetts unter anderem Namen, ein Überhang der bürgerlich-parlamentarischen Verfassung, der in die neue Struktur nicht passte. Er wurde aber gebildet, weil man sofort eine handlungsfähige Befehlszentrale brauchte, die ihrerseits die Apparate der alten Ministerien übernehmen sollte und diesen im Zuschnitt annähernd gleich sein musste. In der gegebenen Situation war dieser Geburtsfehler der politischen Verfassung nicht weiter schlimm; aber er wurde nie korrigiert. Schon damit begann eine Entwicklung, die vom Bürgerkrieg noch verstärkt wurde und das Institutionengefüge zutiefst prägte, mit dem die Sowjetunion 1921 in die erste friedliche Phase ihrer Existenz eintrat: die Entmachtung der Räte, denen faktisch eine Exekutive fehlte.

Ein Übriges bewirkte abermals die Kraft der Persönlichkeiten. Entscheidungen fielen dort, wo Lenin und Trotzki waren. Die Macht folgte den Personen, nicht den Ämtern. Die unbestrittenen Führer verhinderten auch, dass es doch noch zu einer sozialistischen Allparteienkoalition kam. Das Exekutivkomitee des Rätekongresses mahnte eine solche im Sinne der Eisenbahnerinitiative an und beobachtete mit Argwohn, dass sich der SNK nicht darum kümmerte. Schließlich votierte sogar die Mehrheit des bolschewistischen ZK mit Zinov'ev und Kamenev (der zugleich Vorsitzender des Sowjets war) an der Spitze für einen solchen Schritt. Aber Lenin, assistiert von Trotzki, lenkte nicht ein. Er nahm im Gegenteil sogar eine schwere Regierungskrise in Kauf, als er die Mehrheitsfront am 3. November einmal mehr spaltetete und eine Resolution in seinem Sinne durchsetzte. Fünf Standhafte legten daraufhin ihr Mandat im Zentralkomitee nieder; drei von ihnen waren zugleich Volkskommissare und gaben auch diese Ämter auf. Dennoch erreichte Lenin, was er wollte: dass die Bolschewiki die Bedingungen diktierten, unter denen sie Juniorpartner akzeptierten – wenn überhaupt.

In denselben Morgenstunden des 26., als der »Volkskommissar« das Licht der Welt erblickte, nahmen auch die Dekrete Gestalt an, die zu allererst zu verabschieden waren: die Dekrete über Land und Frieden. Eine Unterbrechung der Sowjetsitzung gab Lenin Zeit, die Texte zu entwerfen und mit seinen engsten Genossen abzustimmen.

Die Resolution über den Frieden, die er den Delegierten dann am Abend als allererstes vortrug, verkündete den Soldaten endlich, wonach sie sich am meisten sehnten: das Ende der Kämpfe ohne Wenn und Aber. Dabei war die Formel vom demokratischen »Frieden ohne Annexionen« alles andere als neu; auch der alte Sowjet hatte sie sich zu eigen gemacht und selbst die Provisorische Regierung ihr verbal zugestimmt. Aber so wie die Bolschewiki besonders kompromisslos danach gerufen hatten, so brachten sie ihre Parole nun auch in besonders radikaler Form ein. Nicht nur definierte ihr Resolutionsentwurf Annexion auch als Verhinderung der Loslösung einer Nation aus einem Reichsverband, womit sie implizit allen nichtgroßrussischen Minderheiten Autonomie versprachen. Darüber hinaus erklärten sie sich bereit, »sofort ... alle entscheidenden Schritte« für die Aufnahme von Friedensverhandlungen zu unternehmen und »alle« Bedingungen zu »erwägen«, mithin auch solche, die ihren eigenen Grundsätzen widersprachen. Faktisch kam ein solches Angebot einer Kapitulation gleich. Die Bolschewiki bewiesen darin aber nur Realismus. Spätestens seit dem Zusammenbruch der Kerenskij-Offensive konnte sich Russland nicht mehr verteidigen.

Dagegen hatte der Entwurf eines Dekrets über den Grund und Boden mit dem bolschewistischen Agrarprogramm nur noch wenig gemein. Zwischen Sozialdemokraten und Sozialrevolutionären war gerade über diese Frage vor allem in den Jahren der ersten Revolution heftig gestritten worden. Der sozialrevolutionären Forderung nach einer »Sozialisierung des Landes« und dessen Übergabe an diejenigen, die es mit ihren eigenen Händen bearbeiteten, stellten sie eine »Nationalisierung« gegenüber. Gemäß dem marxistischen Verdikt über Markt und Privatbesitz sollten die großen Güter verstaatlicht werden und dadurch »allen« gehören, nicht aber sozialismusfeindliche Kleineigentümer stärken.

In den Oktobertagen aber erkannte Lenin, dass die Bolschewiki die Macht nur würden behaupten können, wenn sie die Bauern auf ihre Seite brachten. Das ließ sich nicht mit einer Verstaatlichung bewerkstelligen, die ihnen das Land, das sie sich gerade genommen hatten, wieder entreißen würde. Wer die Bauern ruhig halten und sie veranlassen wollte, den Umsturz wenigstens hinzunehmen, der musste ihnen die Beute auf Dauer garantieren. Das aber leistete nur die einstige – denn die PSR war in der Praxis längst davon abgerückt – sozialrevolutionäre Forderung nach »Sozialisierung des Landes«, die bei Licht besehen nur ein pseudotheoretischer Euphemismus für die »schwarze Umteilung« war. So hob denn das berühmte Landdekret, das der Sowjet auf Lenins Vorschlag annahm, alle privaten Besitzrechte mit sofortiger Wirkung und ohne Entschädigung auf. Aller Grund und Boden der Gutsherren, der Zarenfamilie und der Kirchen und Klöster wurde samt allem Zubehör und allen Bauten in die Verfügung der *Volost'*-Komitees und Bauernsowjets übergeben. Gleiches galt für Wälder, Gewässer und Bodenschätze. Zwar sollten diese Regelungen nur bis zur endgültigen Entscheidung der Konstituierenden Versammlung gelten – aber dieser Vorbehalt lag in ungewisser Zukunft und störte die Wirkung des Dekrets in keiner Weise.

Trotz solch weitgehender Konzessionen, die auf einen Widerruf des eigenen Programms hinausliefen, blieben die Bauern für die Bolschewiki unberechenbar. Hinzu kam, dass die Drohung einer sowjetgestützten Allparteienkoalition weiterhin im Raum stand. Um sie abzuwenden, hatte Lenin zusagen müssen, wenigstens mit den Linken Sozialrevolutionären Gespräche über eine förmliche Kooperation zu führen. Anlass, dies zu beschleunigen, gab spätestens eine außerordentliche Zusammenkunft von Deputierten der Bauernsowjets aus ganz Russland, der am 10. November zusammentrat und deutlich machte, wie wenig Sympathien die Bolschewiki auf dem Dorfe genossen. Zwar hatte sich die politische Achse des Kongresses im Vergleich zum ersten vom Mai deutlich nach links verlagert. Die unteren Sowjets in den Gouvernements waren bereits neu gewählt worden und hatten radikalere Vertreter nach Petrograd geschickt. Aber diese Verschiebung war den Linken Sozialrevolutionären zugute gekommen. Sie repräsentierten die »arme Bauernschaft«, als deren Anwalt das neue Regime auch zu agieren beanspruchte, nicht die Bolschewiki; und sie stellten mit 195 von 330 Delegierten die große Mehrheit des Kongresses (gegenüber 37 Bolschewiki). Diesem Druck konnte sich auch Lenin nicht länger entziehen. Verhandlungen wurden aufgenommen, die schließlich in eine Koalition mündeten.

Allerdings zog sich deren förmliche Bildung noch hin. Das nicht eigentlich neue, aber festere Bündnis musste sich erst bewähren und die Linken Sozialrevolutionäre, längst eine separate Fraktion, erst noch einen klaren Trennungsstrich zur Mutterorganisation ziehen. Beides geschah auf dem zweiten Allrussischen Sowjet der Bauerndeputierten, der vom 26. November bis zum 10. Dezember tagte. Auch in seinem politischen Spektrum hatten sich die neuen Machtverhältnisse schon niedergeschlagen. Aber von 796 regulären Teilnehmern rechneten sich immer noch 305 dem Zentrum der PSR (um Černov) oder dem »rechten« Flügel zu, während die Linken Sozialrevolutionäre auf 350 Abgeordnete und die Bolschewiki auf 91 zählen konnten. Beide Blöcke bekämpften einander denn auch bis aufs Messer. Zwischen Gegnern des Oktobercoups und Befürwortern konnte es keinen gemeinsamen Boden geben, solange der Umsturz nicht selbst zur Disposition gestellt wurde.

So war der Ausgang vorprogrammiert. Der Kongress gab Anlass zum endgültigen Bruch zwischen rechten und linken Sozialrevolutionären, die fortan eine eigenständige »Partei der Linken Sozialrevolutionäre« (PLSR) bildeten. Als Dokumentation ihrer neuen Unabhängigkeit verließen diese den Kongress und konstituierten sich zusammen mit den bolschewistischen Delegierten als eigene Versammlung, die das Recht für sich reklamierte, separate Beschlüsse zu fassen und solche des Rest-Kongresses nicht mehr anerzuerkennen. Damit war auch der Bauernsowjet gespalten und handlungsunfähig.

Nach diesem Schulterschluss stand einer förmlichen Koalitionsbildung nichts mehr im Wege. Am 9. Dezember wurde man handelseinig. Die Linken Sozialrevolutionäre erhielten fünf Ressorts, darunter so wichtige wie die der Justiz, des Inneren und der Landwirtschaft. Sie brachten das Versprechen mit, den Bauernkongress – von ihren ehemaligen Parteigenossen gesäubert – als dritte »Kammer« in den Sowjet der Arbeiter- und Soldatendeputierten zu integrieren. Dafür zahlten die Bolschewiki den Preis, der sofortigen Einberufung der Konstituierenden Versammlung zuzustimmen. Es sollte sich zeigen, dass dies kein ernsthaftes Opfer war, weil deren Schicksal ohnehin besiegelt war.

Zu den Massenbewegungen, die den Oktoberumsturz unterstützt hatten, gehörten nicht zuletzt die Fabrikkomitees. Sie sahen sich als Teil der gesamten Rätebewegung und konnten sich durch die Losung »Alle Macht den Räten« durchaus angesprochen fühlen. Umso größere Beachtung verdient der Umstand, dass es die Sieger für nötig hielten, eine ausdrückliche Selbstverpflichtung zur Förderung der »Arbeiterkontrolle in der Industrie« zusätzlich ins Manifest über den vollzogenen Machtwechsel aufzunehmen. Dies war nicht nur als Dank für treue Gefolgschaft zu verstehen, sondern auch als Beruhigung von Zweiflern. Denn es lag auf der Hand, dass die Fabrikräte den Gewerkschaften nun endgültig Konkurrenz machten. Ohnehin betrachteten sich beide als Interessenvertretung der Arbeiter. Nach der Ausrufung eines Arbeiterstaates aber lag auf der Hand, dass sich die Gewerkschaften nicht mehr auf den Kampf für ökonomisch-materielle Verbesserungen beschränken, sondern an den strategischen Entscheidungen der Unternehmen mitwirken würden. Die »Arbeitsteilung«, die sich unter dem Februarregime eingespielt hatte, wurde durch den Oktoberumsturz hinfällig. Über kurz oder lang konnte eine Fusion beider Organisationen nicht ausbleiben. Die Frage war nur, zu wessen Gunsten sie ausgehen würde.

Zunächst schien es so, als würden die Fabrikkomitees den Vorrang behaupten, den sie im Zuge der Massenmobilisierung seit dem Sommer erworben hatten. Das Gesetz über die Arbeiterkontrolle, das am 27. November als Erfüllung der Proklamation der Oktobertage veröffentlicht wurde, ging weitgehend auf ihre Vorschläge und Beratungsergebnisse zurück. So ordnete es an, dass in »allen industriellen, kommerziellen, landwirtschaftlichen und ähnlichen Unternehmen« gewählte Komitees zur Überwachung von Produktion und Management einzurichten waren. Vor allem aber schuf es, und darin lag das eigentlich Neue, durch die Gründung von Repräsentativgremien auf Gouvernementsebene und in den größeren Städten bis hinauf zu einem Allrussischen Sowjet eine ähnliche Rätepyramide, wie sie in Gestalt der Arbeiter- und Soldaten- bzw. Bauernsowjets bereits bestand.

Freilich muss man den Text genau lesen. Bei näherem Hinsehen zeigt sich, dass die Partei durchaus Vorsorge gegen einen ungebremsten Syndikalismus traf, den sie der Fabrikrätebewegung als Tendenz unterstellte. Zum einen sollte der Oberste Fabriksowjet Teil eines neuen »Obersten Volkswirtschaftsrats« (VSNCH) werden, der als engeres Leitungsgremium einer verstaatlichten Ökonomie gedacht war. Zum anderen erhielten die übergeordneten Gremien einschließlich der Gewerkschaften das Recht, Beschlüsse der untergeordneten zu kassieren. Selbst die Mitwirkungsrechte der Fabrikkomitees blieben im Ungewissen. Es bedurfte erst einer Exegese des Obersten Fabrikrats, um deutlich zu machen, dass die entsprechende Passage tatsächlich zur Intervention in den Herstellungsprozess berechtigte.

Faktisch kam dem Gesetz über die Arbeiterkontrolle nur vorübergehende Bedeutung zu. Denn sehr bald zeigte sich, was zu vermuten war: dass die älteren, von Beginn an eng mit der Sozialdemokratie verflochtenen Gewerkschaften die Oberhand behielten. Dagegen erwiesen sich die Fabrikräte als jenes Produkt einer ausweglosen Wirtschaftskrise, das sie waren. Zwar dauerte der ökonomische Zusammenbruch weiter an (und verschlimmerte sich noch). Insofern blieb auch ihre *raison d'être* erhalten. Aber die Besitzverhältnisse und politischen Rahmenbedingungen hatten sich geändert. Was die Betriebskomitees letztlich getan hatten: die Betriebe in eigene Regie zu übernehmen, um sie zu retten, konnte nun verallgemeinert und rein theoretisch sinnvoller gestaltet werden. Durchaus folgerichtig waren es – neben anderen – die Fabrikräte selber, die auf Nationalisierung der Industrie drängten. Noch bevor die Regierung entsprechende Maßnahmen ergriff – die erste am 14. Dezember, auf die Banken beschränkt –, ging eine »spontane« Welle solcher Aktionen durch das Land. 77% von 836 einschlägigen Anordnungen wurden von lokalen Sowjets ohne Beteiligung überregionaler Organe erlassen. Die Basis hoffte damit, bei der vermeintlich »starken« Gesamtheit Rettung zu finden. Sie machte sich nicht klar, dass die Kumulation der Misere diese nicht kurierte, sondern vervielfachte, und sie mit jeder Delegation von Entscheidungen an unmittelbarem Einfluss verlor. Syndikalismus vertrug sich nicht mit Zentralismus.

Das kam den Gewerkschaften zugute, deren Stärke ohnehin in regionaler und nationsweiter Organisation bestand. Die Bolschewiki wiesen aber auch ihnen nur eine dienstbare Funktion zu. Die Logik war einfach und lag auf der Hand: Wenn die Arbeiterschaft an der Macht war, brauchte sie keine Interessenvertretung als Schutz vor kapitalistischer Ausbeutung mehr. Die Gewerkschaften sollten vielmehr eine andere Aufgabe übernehmen – der Partei und der von ihr gestellten Regierung dabei helfen, die Wirtschaft als entscheidende Grundlage für die Funktionsfähigkeit des Sozialismus effektiv zu organisieren.

Beide Weichenstellungen wurden bereits auf dem ersten Gewerkschaftskongress der neuen Ära vollzogen, der vom 7.-15. Januar 1918 in

Petrograd stattfand. Die neue Aufgabe war dabei nur gegen den Widerstand jener Berufsverbände durchzusetzen, die traditionell anderen revolutionären Parteien verbunden waren. Das galt vor allem für PSR-nahen Eisenbahner und Post- und Telegraphenangestellten sowie für die Drucker, die eine standhafte Hochburg der Menschewiki blieben. Umgekehrt konnten sich die Bolschewiki fest auf die einflussreichen Metallarbeiter verlassen.

In den Debatten profitierten die Bolschewiki sowohl von der Angst, die von ihrem harten Durchgreifen ausging, als auch von der Isolation der Fabrikrätebewegung. Denn deren unbezweifelbare Neigung zu syndikalistischer Eigenbrötelei gefiel auch den Menschewiki und Sozialrevolutionären nicht. Es rächte sich nun, dass sie ganz und gar auf die Karte der Bolschewiki gesetzt und deren eigentliche Haltung, die man im Programm hätte nachlesen können, verkannt hatten. Zwar unterstrich der Kongress, dass die Arbeiterkontrolle zur Vorbeugung von »Bürokratie« weiterhin unverzichtbar sei. Aber er nahm ihr entscheidende Rechte und stellte ausdrücklich fest, dass Produktionskontrolle nicht mit der Übernahme der Betriebe durch die Arbeiter zu verwechseln sei.

Und auch bei der Neudefinition der Aufgaben der Gewerkschaften setzten sich die Bolschewiki durch. Dank der Übermacht der Metaller, aber auch dank einer geschickten Regie, die an den Zwang und die Bereitschaft zur Solidarität appellierte, obsiegte ihre Resolution mit 182 gegen 84 zumeist menschewistische Stimmen. Darin wurde den Gewerkschaften zur obersten Aufgabe gemacht, »die Produktion zu organisieren und die zerstörten Produktivkräfte des Landes« zu erneuern. In der konkreten Lage sollten sie dem Obersten Wirtschaftsrat helfen, den Übergang von der Kriegs- zur Friedenswirtschaft vorzubereiten und für Engagement und Disziplin in den Unternehmen zu sorgen. Verallgemeinert war dies nichts anderes als jene Instrumentalisierung der Arbeiterverbände, die Lenin bald in das vielzitierte Wort vom »Transmissionsriemen« der Parteipolitik kleidete.

Die größte innere Herausforderung für die Bolschewiki aber war zweifellos die »Konstituierende Versammlung«. Mit gutem Grund hat sie besondere Aufmerksamkeit auf sich gezogen – musste ihr Schicksal doch zugleich über Russlands Zukunft insgesamt entscheiden. Die Bolschewiki befanden sich dabei in der Klemme. Viele Male hatten sie der Provisorischen Regierung vorgeworfen, die Wahlen aus Furcht vor der Radikalisierung der Massenstimmung – ablesbar an den Kommunalwahlen seit August – bewusst zu verzögern. Und sie waren sogar so weit gegangen, einen Umsturz im Namen der Räte für nötig zu erklären, um den Zusammentritt der Konstituierenden Versammlung zu beschleunigen. Mithin standen sie im Wort. Andererseits lag auf der Hand, dass die ungemein populäre, demokratisch von der *gesamten* Bevölkerung gewählte *Constituante* eine weit höhere Legitimität als der Sowjet besitzen und auch den Oktoberumsturz auf den Prüfstand stellen würde. Angesichts der zu erwartenden Stimmenverteilung konnten die Bolschewiki dabei kaum auf Gnade rechnen. Sowjetmacht und demokratisches Verfassungsparlament schlossen einander aus. Eine Entscheidung war unausweichlich.

Die Bolschewiki gaben sich denn auch gar keine Mühe, dies zu verhehlen. Das Einzige, was sie zuließen, waren die Wahlen. Nicht ahnend, dass sie nicht mehr im Amt sein würde, hatte die Provisorische Regierung den Urnengang für den 12. November anberaumt. Unter dem Druck ihrer eigenen Versprechen konnten die Bolschewiki gar nicht anders, als den Termin zu bestätigen. Zwar gingen sie von den ersten Minuten an besonders gegen die Kadetten als ihre Hauptgegner hart vor. Dennoch spricht alles dafür, dass diese außerhalb Petrograds einigermaßen unbehelligt für sich werben konnten und die Stimmabgabe alles in allem korrekt verlief. Auch die Liberalen selbst haben dies trotz düsterer Prognosen so gesehen.

Als Beleg dafür kann nicht zuletzt das Wahlergebnis dienen. Denn die Bolschewiki erlitten eben jene deutliche Niederlage, die sie befürchten mussten und die kaum eingetreten wäre, hätten sie die

Wahlen schon wie später manipuliert. Klare Sieger waren die Sozialrevolutionäre, bei denen die Bauern als große Bevölkerungsmehrheit ihre Interessen nach wie vor am besten aufgehoben sahen. Von knapp 41,7 Mio. abgegebenen Stimmen entfielen mit 22 Mio. mehr als die Hälfte auf sie. Die Bolschewiki, auf dem Lande kaum präsent, erreichten gerade einmal ein knappes Viertel (9,84 Mio.), die Kadetten keine 5% (1,97 Mio.), die Menschewiki gut 3% (1,36 Mio.), die übrigen Parteien – darunter vor allem ethnisch-nationale – noch weniger. Dementsprechend eindeutig waren, oberflächlich betrachtet, die Mehrheitsverhältnisse: Die Sozialrevolutionäre konnten 380 von 703 Sitzen einnehmen, die Bolschewiki 168, die Linken Sozialrevolutionäre 39 und die Kadetten 17.

Bei näherer Betrachtung verlor sich die Klarheit allerdings. Denn zur sozialrevolutionären Fraktion gehörten auch 81 Delegierte der ukrainischen PSR, die nicht nur in der nationalen Frage anderer Meinung war als die Mutterpartei. Rein rechnerisch führte das Wahlergebnis allein durch eine Koalition zwischen den Sozialrevolutionären und einer nationalen Partei zu stabilen Verhältnissen. Eine solche Konstellation war denkbar, aber auch viele Sozialrevolutionäre hatten sich vom entschiedenen Föderalismus der frühen Jahre längst abgewandt. Hinzu kam der Umstand, dass die Wahl vor der förmlichen Spaltung der PSR stattfand und dieser vermutlich manche Stimmen zugute kamen, die eigentlich für ihre linken, nun ehemaligen Parteigenossen gedacht waren. Ob ein getrenntes Votum allerdings die Mehrheitsverhältnisse entscheidend verändert hätte, muss offen bleiben.

Auf keinen Fall hätte es das Wahlergebnis für die beiden Hauptstädte tangiert. In Moskau und Petrograd sah sich die PSR ebenso weit abgeschlagen (8,2% bzw. 16,2%) wie bei den Kommunalwahlen. Dagegen lagen die Bolschewiki mit 47,9% bzw. 45% der Stimmen vorn, gefolgt von den Kadetten (34,5% bzw. 26,2%), die hier ihre stärksten Bastionen hatten. In vieler Hinsicht spiegelte sich darin die

Polarisierung seit Oktober in besonderer Klarheit. In den Zentren des Geschehens gab es nur noch Für oder Wider.

Wie schwierig eine Regierungsbildung auch immer geworden wäre – für die Annullierung des Oktoberumsturzes hätte sich mit großer Wahrscheinlichkeit eine Mehrheit gefunden. Das Wahlergebnis machte den Bolschewiki endgültig klar, dass die Konstituierende Versammlung zur Überlebensfrage ihres Regimes wurde. Für Lenin stand damit fest, was zu tun war. Man darf unterstellen, dass er ihren Zusammentritt am liebsten ganz verhindert hätte. Dieses Zugeständnis aber musste er den Linken Sozialrevolutionären machen. Wenn die Eröffnung daher nicht zu vermeiden war, sollte das Gremium wenigstens an Entscheidungen gehindert werden.

So lag schon Ende November auf der Hand, was die Bolschewiki mit der Konstituierenden Versammlung vorhatten. Die Indizien waren mehr als deutlich. Rote Garden sperrten die Wahlkommission aus dem Taurischen Palais, dem Sitz der Duma und vorgesehenen Tagungsort, aus. Die Kadetten sahen sich zunehmenden Attacken ausgesetzt. Ohnehin liefen ihre Anhänger, die im Regelfall zur »Gesellschaft« zählten, besondere Gefahr, Opfer von Gewaltakten der «Straße« zu werden. Nun erklärte man sie auch noch explizit zu »Volksfeinden« und verbot ihre Partei (am 28. November 1917). Fünf ZK-Mitglieder erlebten umgehend, was das bedeutete: Sie wurden verhaftet. Zwei Wochen später gab Lenin im bolschewistischen Parteiorgan auch den offiziellen Kurs im Umgang mit dem verspätet realisierten Herzstück der »bürgerlichen« Revolution vor. Die Konstituierende Versammlung wurde für überholt erklärt. Die Geschichte sei durch den Oktoberaufstand über sie hinweggegangen, und die Spaltung der Sozialrevolutinäre habe der Wahl Legitimität und Aussagekraft entzogen. Alles war für eine Konfrontation und ein schnelles Ende bereitet.

Dies sahen auch die Parteien der »revolutionären Demokratie« so, die sich noch weitgehender Bewegungsfreiheit erfreuten. Rechte Sozialrevolutionäre hielten es sogar für angezeigt, an die terroristische Vergangenheit anzuknüpfen, die der Autokratie in den Jahren der ersten Revolution mehr Furcht eingejagt hatte als alle sozialdemokratischen Streiks zusammen. Doch die Mehrheit des ZK hielt eine Gleichsetzung von Zarenherrschaft und Oktoberregime, an dem immerhin auch ehemalige Parteifreunde beteiligt waren, für unangemessen. Sie stimmte zwar einem Beschluss zur Vorbereitung von Schutzmaßnahmen für die Konstituierende Versammlung zu, verbot aber einen Aufmarsch in Waffen. Bei den Menschewiki gab der Oktoberumsturz trotz aller Empörung dem linken Flügel Auftrieb. Martov ließ sich die Gelegenheit eines Sonderparteitags nicht entgehen, um den einstigen Ministern aus den eigenen Reihen eine Mitschuld zu geben. Umso wichtiger musste es sein, den Gewaltstreich durch den ungehinderten Ablauf der Konstituierenden Versammlung und eine einvernehmliche Regelung ihres Verhältnisses zum Sowjet zu korrigieren. Dennoch taten gerade die Menschewiki wenig, um sie zu schützen.

So versammelte sich am Morgen des 5. Januar 1918, als die Konstituierende Versammlung endlich zusammentreten sollte, zwar ein Demonstrationszug zu ihrer Unterstützung, aber keiner, der die neuen Machthaber das Fürchten gelehrt hätte. Auch wenn die Kundgebung womöglich Eindruck machte, waren weniger Teilnehmer gekommen, als die Organisatoren gehofft hatten. Die Soldaten blieben in ihren Kasernen, Arbeiter zeigten sich kaum. Im Wesentlichen folgten öffentliche Bedienstete, Studenten und andere Intellektuelle den Aufrufen (R. Pipes). So fiel es den Roten Garden nicht schwer, den Marsch anzuhalten. Wie gespannt die Situation dennoch war, zeigt der Umstand, dass einige Matrosen die Nerven verloren und in die Menge schossen. Zum ersten Mal seit dem »Blutsonntag« vom 9. Januar 1905, mit dem die erste russische Revolution begonnen hatte, waren bei einer friedlichen Demonstration Tote zu beklagen. Anders als dreizehn Jahre zuvor löste diese Gewalttat aber keine Welle von Streiks und Widerstand aus.

Schon deshalb hatten die Bolschewiki keinen Grund, ihr Drehbuch für den Umgang mit der Konstituierenden Versammlung zu ändern. Um vier Uhr nachmittags – nach dem Ende der Demonstration – ließen sie die Delegierten in den Sitzungssaal. Nach erregten Debatten wurde Černov mit großer Mehrheit zum Präsidenten gewählt. Obwohl um Ausgleich bemüht, konnte er die Spaltung der Versammlung nicht verhindern. Die Bolschewiki brachten eine »Erklärung der Rechte des werktätigen und ausgebeuteten Volkes« ein und stellten sie zur Abstimmung. Als sie mit ihrem Votum erwartungsgemäß allein blieben, nutzten sie die provozierte Gelegenheit, um den Kongress unter Protest gegen seine »konterrevolutionäre« Gesinnung zu verlassen. Die Linken Sozialrevolutionäre hielten länger aus. Gegen die entschädigungslose Enteignung des Großgrundbesitzes, der auch die »rechten« Sozialrevolutionäre und Menschewiki nun zustimmten, konnten sie nichts haben. Als aber Redner aus den Mehrheitsfraktionen die Resolution zugunsten eines raschen Waffenstillstands immer noch mit einem Bekenntnis zur Entente verbanden, erhoben sie lautstarken Protest und taten es den Bolschewiki nach.

Der Rumpfkongress debattierte noch bis zum Morgengrauen weiter. Gegen vier Uhr in der Frühe des 6. Januar forderte ein Matrose des Wachbataillons den Vorsitzenden auf, die Sitzung zu schließen, weil die Soldaten müde seien. Als Černov dem Drängen nachgab und die Konstitutierende Versammlung vertagte, schloss er das erste und einzige demokratisch gewählte Parlament, das in Russland vor 1993 je zusammentrat, faktisch für immer. Denn am späten Nachmittag, als die Sitzung fortgesetzt werden sollte, ließen die Roten Garden niemanden mehr hinein. Wer auf Rettung durch wütende Massenproteste gehofft hatte, wurde enttäuscht. Trotz der Demonstration am Vortag konnte das Fazit enttäuschender kaum sein: Auch nach diesem abermaligen Gewaltakt ging kaum jemand für die Konstituierende Versammlung auf die Straße.

Damit war der Weg frei für die Bestätigung des Oktoberumsturzes. Die Bolschewiki hatten bereits die Bühne bereitet und den dritten Allrussischen Kongress der Arbeiter-, Soldaten- und nun auch Bauerndeputierten anberaumt. Er kam am 8. Januar zusammen und bestätigte mit seiner gefügigen Mehrheit alles, was man ihm vorlegte. Russland wurde endgültig in eine föderative Räterepublik verwandelt. Zum obersten Organ erklärte der Kongress sich selbst und delegierte seine Vollmachten zwischen den Sitzungen (es gehörte zum programmatischen Gegenentwurf der Räte, dass sie anders als Parlamente keine ständigen Repräsentativgremien waren) an sein Exekutivkomitee. Zugleich wurde auch der SNK bestätigt, der ihm ebenfalls verantwortlich sein sollte. Alle regionalen Kompetenzen übertrug man örtlichen Sowjets und deren ausführenden Organen, wobei die jeweils höheren das Recht zur Kontrolle und Aufhebung von Anordnungen der unteren erhielten. Die Versammlung verband solche Beschlüsse mit einer pathetischen Geste, die sich nicht zuletzt an die internationale Öffentlichkeit richtete. In deutlicher Analogie zur Menschenrechtserklärung der Französischen Revolution verabschiedete sie die erwähnte »Deklaration der Rechte des werktätigen und ausgebeuteten Volkes«. Darin machte sie es dem Staat zur »Hauptaufgabe ... , jede Ausbeutung des Menschen durch den Menschen zu beseitigen«, die Klassengesellschaft abzuschaffen und für den Sieg des Sozialismus in aller Welt zu kämpfen. Der Akt war symbolisch: Was die »bürgerliche« Revolution ablehnte, erhob die »sozialistische« zum Programm.

Dennoch, gerade zu dieser Zeit hatten die Bolschewiki allen Grund anzunehmen, dass sie die Macht nicht mehr lange würden behaupten können. Die Koinzidenz war bemerkenswert: Am selben Tag (dem 5. Januar), als die Sowjetmacht endgültig über ihre inneren Gegner triumphierte, erlitt sie auf einem anderen Schauplatz eine schwere Niederlage. Das Ultimatum, das ihr bei den Friedensverhandlungen in Brest-Litovsk gestellt wurde, stürzte sie in die schlimmste Zerreißprobe seit den frühen Novembertagen.

Denn die Sowjetregierung hatte ihrem allerersten Versprechen, dem »Dekret« über den Frieden, Taten folgen lassen. Mitte November appellierte sie an alle kriegführenden Parteien, in solche Gespräche einzutreten. Die deutsche Heeresleitung, die dringend auf Entlastung für den Stellungskrieg im Westen angewiesen war, nahm das Angebot an. Am 20. November begannen im Hauptquartier des Oberkommando Ost der Reichswehr Verhandlungen. Man vereinbarte zunächst einen Waffenstillstand, der nicht nur Freiraum für Verhandlungen schuf, sondern dem neuen Regime auch im Innern eine willkommene Atempause gewährte. Überdies bot er einen geeigneten Anlass, um den Wünschen der bolschewistischen Klientel auch in dieser Hinsicht entgegenzukommen. Die neue Regierung hob die von Kerenskij vor seiner misslungenen Juli-Offensive wieder eingeführte Todesstrafe ein zweites Mal auf und erneuerte den »Befehl Nr. 1« aus den Februartagen. Abermals verfügte man die Wahl der Kommandeure und übertrug alle Kompetenzen an die Soldatenkomitees. Diese Armee aber konnte man nicht mehr in den Kampf schicken. Sie wollte nach Hause. Alles spricht daher für die Annahme, dass die russische Delegation unter Trotzkis Leitung zwar ernsthaft verhandelte, aber dennoch auf Zeit spielte. Je länger die zu erwartende Demütigung hinauszuzögern war, desto besser für das Ansehen der Sowjetmacht.

Zugleich sah keiner schärfer als Lenin, dass ein Arrangement mit Deutschland Voraussetzung für das Überleben des neuen Regimes war. Der oberste Bolschewik nahm dafür Opposition in den eigenen Reihen in Kauf. Er gab dem Realismus klar den Vorzug vor ideologischer Konsequenz, zumal es ihm auch in dieser Frage rein theoretisch gelang, beides miteinander zu verbinden: Dem pragmatischen Einlenken sollte der Export der Revolution folgen. Lenin teilte die Meinung der meisten seiner Parteigenossen (und der Menschewiki), dass sich die russische Revolution nur behaupten könne, wenn ihr die Erhebung des »internationalen Proletariats«, vor allem des deutschen, zu Hilfe komme.

Die deutschen Generäle nahmen Trotzkis Taktik bis zur Weihnachtspause (nach westlichem Kalender) hin. Dann beschwerte sich Hindenburg beim Kaiser und drängte auf harte Bedingungen. Als die Gespräche Anfang Januar wieder aufgenommen wurden, forderte die deutsche Seite die Abtretung Polens und großer Gebiete im Westen Russlands einschließlich Litauens und Lettlands. Überrascht und konsterniert, erklärte Trotzki solche Forderungen für unannehmbar und kehrte zu Konsultationen nach Petrograd zurück.

Schon bei den ersten Beratungen im bolschewistischen Zentralkomitee bildeten sich drei Lager heraus. Nikolaj Bucharin und seine Anhänger plädierten für die Ablehnung der deutschen Forderungen. Sie gingen davon aus, dass in Westeuropa – und das hieß immer: vor allem in Deutschland – selbst eine Revolution unmittelbar bevorstehe und man dieser durch die Unterschrift unter solche Zumutungen in den Rücken falle. Damit begann eine bis zum Ende des Bürgerkriegs (bei verschiedenen Anlässen) fortgesetzte Opposition, die als »Linker Kommunismus« bezeichnet wurde. Ihr stand Trotzki nahe, der die deutschen Forderungen ebenfalls ablehnte, aber weniger Hoffnungen auf den Export der Revolution setzte. Stattdessen warb er für die wenig einleuchtende Position, dass es »weder Krieg noch Frieden« mit den Mittelmächten geben solle. Lenin schließlich sah von Anfang an keinen anderen Ausweg, als die Bedingungen, so hart sie auch sein mochten, zu akzeptieren. Darin unterstützten ihn, neben Stalin, auch seine Hauptgegner der Oktobertage, Zinov'ev und Kamenev. Im Kern wiederholte sich während der folgenden Wochen die Erfahrung der Vor-Oktoberzeit. Lenin setzte sich nach und nach durch, diesmal allerdings mit massiver Hilfe von außen. Bei den ersten Abstimmungen im ZK und in anderen Gremien unterlag er noch. Stattdessen fand Trotzkis Nicht-Entscheidung eine Mehrheit.

Allerdings war diese Rechnung ohne den Wirt gemacht. Die deutsche Regierung blieb nicht untätig. Während die Verhandlungen mit Russland auf der Stelle traten, wurde sie mit den ukrainischen Nationalisten handelseinig. Der Vertrag machte die Ukraine faktisch zum Protektorat Deutschlands, das sich auf diese Weise dringend benötigtes Getreide sicherte. Durch diesen Erfolg gestärkt, erwirkten Hindenburg und Ludendorff die Zustimmung des Kaisers zu einem Ultimatum an die russischen Seite. Um ihm Nachdruck zu verleihen, beschloss man zugleich, die Kampfhandlungen nach Ablauf des mehrfach verlängerten Waffenstillstands wieder aufzunehmen.

Der neuerliche Vormarsch deutscher Truppen in Litauen und Weißrussland versetzte die Bolschewiki in Panik. Trotzki änderte seine Meinung und bewegte sich auf Lenin zu. Dessen Antrag fand in der entscheidenden Sitzung des ZK am 23. Februar eine knappe Mehrheit, obwohl die deutsche Seite nun auch die inzwischen besetzten Gebiete beanspruchte und den Rückzug russischer Truppen aus der Ukraine und Finnland forderte. Sie wurde möglich, weil sich Trotzki und seine Anhänger der Stimme enthielten (7:4:4). Der Friedensvertrag von Brest-Litovsk, mit dem Russland unter Verzicht auf die Ukraine (und Finnland) endgültig aus dem Krieg ausschied, wurde am 3./16. März 1918 unterzeichnet.

Der Preis, den der Rätestaat dafür zahlte, war hoch. Auch deshalb gilt das Abkommen zu Recht als Exempel eines Diktats. Ein Blick auf das Chaos, in dem die Ukraine nach dem Abzug der deutschen Truppen im November 1918 versank, gibt aber Anlass, ihn nicht primär im Verlust eines großen, demographisch, landwirtschaftlich und industriell wichtigen Territoriums zu sehen. Vielmehr war der Preis ein politischer. Zwar stimmten sowohl der siebte Parteitag der Bolschewiki (6.–8. März) als auch der vierte Allrussische Kongress der Sowjetdeputierten (14.–16. März) dem Vertrag in eigens anberaumten außerordentlichen Zusammenkünften *post festum* zu. Aber der Widerstand blieb heftig. Neben Bucharin und seinen Mitstreitern beharrten vor allem die Linken Sozialrevolutionäre auf ihrer Ablehnung. Auch sie werteten das Abkommen als Verrat an der eigenen und der internationalen Revolution und hielten den Untergangsprophezeiungen im Falle eines weiteren deutschen Vormarschs den trotzig-irrealen Glauben an den Sieg in einem Partisanenkrieg entgegen. In dieser Meinung kündigten sie auf dem Sowjetkongress auch die Koalition mit den Bolschewiki auf. Es hängt vom Urteil über die bolschewistischen Ziele ab, ob man dieses Ende als Pyrrhussieg bezeichen will oder als willkommene Befreiung von einem lästigen Kompagnon. In jedem Fall ging damit die einzige Phase zu Ende, in der die Bolschewiki ihre Macht – wenigstens formell – teilten.

Bürgerkrieg

Spätestens die Verjagung der Konstituierenden Versammlung räumte alle Zweifel daran aus, dass die neuen Herren ihre Macht nicht freiwillig abgeben würden. Die alten Versprechen galten nicht mehr. Eine neue Ordnung wurde geschaffen, die nicht aus allgemeinen Wahlen hervorgehen sollte und in der die Anhänger des Februarregimes keinen Platz hatten. Was diesen blühte, hatte das Verbot der Kadetten Ende November mit hinreichender Deutlichkeit gezeigt. Wer sehen wollte, konnte nur eine Folgerung ziehen: so schnell wie möglich abzutauchen und Widerstand zu organisieren. Letztlich taten dies alle Parteien, allerdings in unterschiedlichem Tempo und mit je eigenen Zielen. Dies hat eine Zusammenarbeit, die eigentlich nahe gelegen hätte, von vornherein erschwert.

Am schnellsten reagierten die Kadetten. Eine altliberale Minderheit im ZK wollte an der bewährten Zusammenarbeit mit den moderaten Sozialisten festhalten, hatte aber vorerst keine konkreten Vorschläge anzubieten. Dies stärkte die Mehrheit, die nun offen für eine Militärdiktatur plädierte. Miljukov wartete die Entscheidung gar nicht erst ab und trat gleich in Verhandlungen mit den Donkosaken ein. So realistisch diese Position war, so sehr ließ sie von Anfang an ihre letale Schwäche erkennen: Schutz war immer auch Abhängigkeit. Macht hatte, wer über Truppen verfügte. Die Kadetten konnten den »weißen« Generälen zwar Ratschläge geben; aber sie hatten keinen Einfluss darauf, ob diese beherzigt wurden.

Die Sozialrevolutionäre waren in vieler Hinsicht die eigentlichen Verlierer des Jahres 1917. Sie vermochten ihre überwältigende Popularität nur in der Provinz zu bewahren, während sich die Unterschichten der beiden größten Städte enttäuscht abwandten. Ihr größter Triumph, die Mehrheit in der Konstituierenden Versammlung, verwandelte sich auch deshalb in ihre schlimmste Niederlage. Dennoch blieb die PSR der natürliche Träger des demokratischen Widerstands. Die Kadetten suchten bei potentiellen Militärdiktatoren Zuflucht, und die übrigen Parteien waren zu schwach. Auch die Sozialrevolutionäre waren unsicher, wohin sie sich wenden sollten. Sie entschieden sich schließlich für die Landwirtschaftszone am Mittel- und Unterlauf der Wolga. Hier, in den Gouvernements Saratov und Samara, lagen ihre Ursprünge. Hier konnten sie immer noch mit großer Popularität rechnen. Von hier aus wollten sie ihre Rückkehr nach Petrograd vorbereiten. Sie vertrauten dabei auf den wachsenden Widerstand der Bevölkerung. Auf keinen Fall wollten sie sich mit den Überresten der Armee einlassen. Stattdessen klammerten sie sich an die Hoffnung, zwischen roter und »weißer« Diktatur eine »dritte Kraft« bilden zu können.

Auch die Menschewiki mussten am 6. Januar einsehen, dass ihre langjährigen Mitgenossen nicht daran dachten, die Macht zu teilen. Aber sie folgerten daraus nicht, dass gegen Gewalt nur Gewalt helfe. Marxistisch-orthodox, wie sie waren, hielten sie vielmehr an der Absicht fest, über die Sowjets auf das Regime einzuwirken. Dabei konnten sie sich durch deutliche Anzeichen der Enttäuschung über die Resultate des Oktober ermuntert fühlen. Nicht nur die Kampagnen im Vorfeld der Neuwahlen zum Petrograder Arbeiter- und Soldatenrat im Mai 1918 zeigten an, dass die Menschewiki eine eindrucksvolle Renaissance erlebten. Allerdings nützte ihnen solche Resonanz wenig. Die verschärfte Gangart der Bolschewiki im beginnenden

Bürgerkrieg machte alle Hoffnungen auf größeren Einfluss zunichte. Gemeinsam mit den Sozialrevolutionären wurden auch die Menschewiki aus den Sowjets ausgeschlossen. Auch sie mussten sich vor Verfolgungen des Regimes in Sicherheit bringen. In Jaroslavl' gehörten sie allem Anschein nach sogar zu den Stützen eines Aufstandes, den der sozialrevolutionäre Altterrorist Boris Savinkov im Namen eines »Bundes zur Verteidigung der Heimat und Freiheit« im Juli ausrief.

Solch aktiver Widerstand blieb aber eine Ausnahme. Bezeichnend war die Rüge, die das Zentralkomitee den Genossen in Jaroslavl' erteilte. Auch während des Bürgerkrieges hielt sich die menschewistische Führung von offenem Widerstand und den meisten Gegenregierungen fern. Sie gab ihre längst irrational gewordene Anhänglichkeit gegenüber den Arbeiterräten, *ihrer* Schöpfung vom Oktober 1905 und Februar 1917, nicht auf. Bis zuletzt hielt sie an der grundsätzlichen Richtigkeit der Sowjetordnung fest. Unter dem Eindruck der →S. 95 Entwicklung akzeptierte sie im Sommer 1919 sogar förmlich die **Räteverfassung**. Als Hauptforderung erhob sie nicht mehr den Ruf nach der Wiedereinberufung der Konstituierenden Versammlung, sondern nach uneingeschränkter Verwirklichung der geltenden Gesetze. Erst am Vorabend der erzwungenen Emigration, im Frühjahr 1921, begriff sie, dass sie Wunschträumen nachgehangen hatte. Nicht nur ihre geringe Zahl, auch ihre Passivität verurteilte die Menschewiki im Bürgerkrieg zu noch größerer Bedeutungslosigkeit als die Sozialrevolutionäre und Kadetten.

Was eigentlich schon im November 1917, spätestens aber im März 1918 begann (und bis zum Frühjahr 1921 dauerte), galt in der sowjetischen Selbstmythisierung als »heroische Periode« der Revolution. Daran war zweierlei richtig. Zum einen war der Bürgerkrieg ebensowenig vom Oktoberumsturz zu trennen wie die gesamte Revolution vom Weltkrieg. Man rang um die Demokratie, und manche »weiße« Generäle wollten darüber hinaus zur einer nichtparlamentarischen Monarchie zurück. Insofern wäre der Bürgerkrieg genauer als ein nachgeholter Revolutionskrieg zu bezeichnen. Zum anderen summierten sich die inneren und äußeren Bedrohungen des Bürgerkriegs zur härtesten Bewährungsprobe für das neue Regime. Im Vergleich zu den enormen Opfern, die dieser Kampf auf Leben und Tod kostete, zu den Verwüstungen, die er anrichtete, und zu seiner Ausdehnung über das ganze Reich verblassen die Nachhutgefechte des Oktobercoups zu bloßen Theatermanövern.

Eine solche Dimension erreichte der Bürgerkrieg, weil in ihm (mindestens) drei Auseinandersetzungen zusammenkamen: der innere Kampf um die bolschewistische Räteherrschaft; der äußere Kampf in Gestalt der Intervention der düpierten ehemaligen Alliierten England und Frankreich; und der Unabhängigkeitskampf der größeren Minderheiten, die den innerrussischen Zwist nutzten, um ihre Sezession voranzutreiben. Indem der politische und soziale Konflikt mit den nationalen Emanzipationsbestrebungen verschmolz, weitete sich der Krieg zur Auseinandersetzung um den Bestand des Reiches in den alten Grenzen (von Polen, Finnland, die definitiv ausschieden, und zunächst auch der Ukraine abgesehen) aus. Zugleich verlieh ihm die ausländische Intervention einen internationalen Charakter. Darin kam nicht nur die Entschlossenheit der Alliierten zum Ausdruck, das russische Ausscheiden kurz vor dem Sieg über Deutschland wieder rückgängig zu machen. Vielmehr spiegelte er auch die ideologische Herausforderung des »Westens« durch das bolschewistische Regime: Im russischen Bürgerkrieg begann die globale Konfrontation zwischen »Kapitalismus« und »Sozialismus«, die das gesamte »kurze Jahrhundert« bis 1991 beherrschen sollte.

Im grausamen Gemetzel, dem ersten Bruderkampf auf russischem Boden seit Beginn des 17. Jahrhunderts, lassen sich stark vereinfacht drei Abschnitte und Schauplätze unterscheiden.

Eine erste Etappe dauerte bis etwa November 1918. Sie fand im Wesentlichen im Dongebiet und an der mittleren Wolga statt. Hauptakteure waren zum einen die Kosaken, zum anderen die verjagten Mitglieder der Konstituante sowie eine Legion tschechisch-slowakischer Freiwilliger, die im Weltkrieg gegen die Mittelmächte gekämpft hatten und sich nach dem Friedensschluss deplatziert auf neutralem Territorium wieder fanden.

Der Versuch einer bewaffneten Rückeroberung der Macht begann in der Ukraine. Hier hatte die »bürgerliche« Rada auch nach dem Oktober das Heft in der Hand behalten. Zum Unwillen der neuen Herren in Petrograd hatte sie nicht nur die Sammlung gegenrevolutionärer Kräfte (aus Freiwilligen und Kosaken) an ihrer Südostgrenze geduldet, sondern auch mit der angekündigten Aufstellung eigener Kompanien begonnen. Die bolschewistische Regierung lehnte dies ebenso strikt ab wie zuvor die Provisorische Regierung und schickte Truppen. Einmal auf dem Wege, sollten sie auch den Widerstand am Don im Keim ersticken. Beides gelang trotz sehr begrenzter Kräfte. Am 26. Januar 1918 hielt die Sowjetmacht zum ersten Mal in Kiev Einzug, einen Monat später in Rostov am Don, dem historischen Zentrum des Kosakenterritoriums. Freilich waren die Eroberungen von kurzer Dauer. Am selben Tag, an dem die Rada fiel, schlossen ihre Abgesandten das erwähnte Separatabkommen mit Deutschland. Damit wechselte Kiev, Anfang März neuen Stils, erneut die Herren.

Die reinstallierte Rada ließ sich aus deutscher Sicht allerdings zu viel Zeit mit der Lieferung des Getreides, das sie als Gegenleistung zugesagt hatte. Ende April verloren die eigentlichen Machthaber die Geduld und installierten eine gehorsame Marionettenregierung unter dem Hetman Pavel P. Skoropadskyj. Dieser sorgte zwar für prompte Kontributionen, brachte aber die Bauern gegen sich auf. Die Ukraine versank im halben Jahr seines Regimes in inneren Wirren. Auch der bolschewistische Sieg am Don hatte keinen Bestand. Um Russland zum Friedensschluss zu zwingen, setzten die deutschen Truppen in diesen Tagen ihren Vormarsch am Nordrand der Schwarzmeerküste fort und eroberten Rostov zurück. Die weiße Armee konnte sich für das Hauptziel neu formieren: den Vorstoß nach Norden.

Die eigentliche Bedrohung für das Sowjetregime ging im Sommer 1918 jedoch von der Tschechoslowakischen Legion aus. Dass diese kurzfristig eine solche Bedeutung gewann, gehört zu den Zufällen der Geschichte. Zu einem eigenen militärischen Verband hatten die Führer der tschechischen Nationalbewegung Landsleute, die unter zarischer Herrschaft lebten, bereits 1914 zusammengefasst. Als Russland aus dem Krieg ausschied, verfielen sie auf die Idee, diese Landsleute auf französischer Seite an den letzten Kämpfen teilnehmen zu lassen. Da der direkte Weg nach Westeuropa versperrt war, sollten sie die lange Reise – mit Zustimmung der Sowjetmacht – über Vladivostok rund um den Globus antreten. Bald häuften sich jedoch die Zwischenfälle, die Mitte Mai Anlass gaben, die Entwaffnung der Legion zu befehlen. Die Tschechen setzten sich zur Wehr und brachten in wenigen Wochen die mittlere Wolgaregion um Penza, den Südural (Ufa), Westsibirien und die gesamte transsibirische Bahntrasse unter ihre Kontrolle.

Auf solche Hilfe hatten die Sozialrevolutionäre gewartet. Sie luden die Tschechen ein, Samara nicht auszusparen. Am Tage des Einmarsches (8. Juni) trat hier das »Komitee der Mitglieder der Konstituierenden Versammlung« (Komuč) an die Öffentlichkeit, erklärte die bolschewistische Regierung in Petrograd für abgesetzt und erkannte sich selbst provisorisch die rechtmäßige Macht zu. Bis August fanden immerhin 101 von den 463 Abgeordneten, die im Taurischen Palais zusammengetreten waren (bei insgesamt 715 gewählten), den Weg an die Wolga. Insofern konnte das Komuč eine erhebliche Legitimität für sich in Anspruch nehmen. Allerdings fehlte es ihm an Ausgewogenheit – das Übergewicht der Sozialrevolutionäre war erdrückend.

Wohl nicht nur deshalb hielten sich die Kadetten fern. Sie waren weniger denn je geneigt, eine neuerliche Koalition mit den beargwöhnten Sozialisten einzugehen. Stattdessen setzten sie auf die

Kosakengeneräle am Don, denen Miljukov und andere prominente Parteimitglieder beratend zur Seite standen. Auch das menschewistische Zentralkomitee bewahrte Distanz. Als ein Emissär in Samara dennoch den Posten eines Arbeitsministers annahm, schloss es ihn ohne viel Umstände aus. Deutlicher denn je trat zutage, dass es den Gegnern des Sowjetregimes an Einigkeit fehlte.

Umso ruinöser wirkte es sich aus, dass es der Samara-Regierung nicht gelang, in der Bevölkerung hinreichende Zustimmung zu gewinnen. Wohl sprang sie über ihren Schatten und bestätigte die unwiderrufliche Überführung allen Landes in Gemeineigentum. Aber sie fand damit wenig Gehör, weil aus der Bestätigung dessen, was längst geschehen war, kein zweites Mal politisches Kapital zu schlagen war. Noch schwerer tat sich die Gegenregierung in den Städten. Statt den Fabrikräten freie Hand zu geben, hob sie die Nationalisierungsdekrete auf und stellte die alten Eigentumsverhältnisse wieder her – um die Wirtschaft zu neuem Leben zu erwecken, aber auch um sich die unentbehrliche Hilfe der Unternehmer und Kaufleute zu sichern. Kommunalwahlen im August präsentierten ihnen die Quittung: Sie stärkten die Bolschewiki.

Umso dringender schien eine Einigung der Opposition geboten. Um sie endlich herzustellen, kamen vom 8.–23. September gut 170 Vertreter der verschiedensten Parteien und Organisationen zu einer Allrussischen Staatskonferenz in Ufa zusammen. Obwohl zwischen Anhängern der Konstituierenden Versammlung und Befürwortern einer Militärdiktatur kaum eine Brücke zu schlagen war, einigte man sich auf die Bildung eines Direktoriums, dem sowohl »rechte« Sozialrevolutionäre als auch Generäle angehörten. Die Konferenz feierte ihren Erfolg jedoch zu früh. Zum einen vollbrachte Trotzki, noch während sie tagte, eine erste Großtat in seinem neuen Amt des Verteidigungskommissars, als er das Wolgabecken zwischen Kazan' und Samara zurückeroberte. Zum anderen hielt das Bündnis von *Ufa* nicht lange. Kritik und Einmischung von Links und Rechts nahmen zu. Als die Tschechen ihre Hilfe versagten, war das Schicksal der letzten zivilen Gegenregierung entschieden. Am 18. November wurde sie verhaftet und Admiral A.V. Kolčak, Befehlshaber der Kosaken- und Freiwilligenverbände, in Omsk zum obersten Herrscher ausgerufen. Fortan lag das Schicksal der antibolschewistischen Opposition ausschließlich in den Händen höchst konservativer Generäle.

Die zweite Etappe des Krieges, das Jahr 1919, war die entscheidende. An drei Fronten unternahmen die weißen Truppen eine Offensive. Im Osten verfügte Kolčak über zwei Kosakenarmeen, Reste der Truppen des Komuč und andere Freiwilligenkorps, insgesamt mehr als 130 000 Mann. Die Frühjahrsoffensive, die den Marsch auf Moskau einleiten sollte, begann im März vielversprechend. Bald wurde jedoch klar, dass die Rote Armee nach Plan aus dem Wolgabecken zurückwich. Als sie im Juni zur Gegenoffensive antrat, brach Kolčak Streitmacht binnen kurzem zusammen. Was folgte, war die intrigenreiche Geschichte des langsamen Rückzugs nach Fernost. Als der Diktator in Irkutsk ankam, standen tschechische Legionäre bereit, um seinen Waggon zu umstellen. Am selben Tag, an dem ihr Oberbefehlshaber einen Waffenstillstand mit der Roten Armee schloss, um seine Truppen noch unversehrt evakuieren zu können, wurde Kolčak hingerichtet.

Im Süden Russlands veränderte die deutsche Novemberrevolution die Lage grundlegend. Sie raubte sowohl der Regierung Skoropadskyj als auch den weißen Militärregimen am Don und Kuban die entscheidende Rückendeckung. In der Ukraine wurden die Kämpfe, nunmehr zwischen Nationalrevolutionären und dem Sowjetregime, noch heftiger. Der Einmarsch der Roten Armee in Kiev Mitte Dezember 1919 annullierte den größten Verzicht, den der Friede von Brest-Litovsk gefordert hatte, und brachte die Region endgültig unter großrussisch-bolschewistische Oberhoheit.

Am Don konkurrierten zwei Armeen miteinander: die Kosaken und die Freiwilligenverbände, deren Führung der ex-zarische General Anton Denikin übernahm. Als britische und französische Kontingente die deutschen Protektoren Ende November 1918 ersetzten, gewann die Freiwilligenarmee Oberhand. Die Kosaken mussten sich dem Oberbefehl Denikins unterstellen, so dass im Mai 1919 etwa 64 000 Mann unter seinem Kommando zur Offensive bereitstanden. Der Vorstoß nach Norden sollte an drei Fronten gleichzeitig erfolgen, von Odessa im Westen bis zum Nordkaukasus im Osten. Besonders schnell kam die Freiwilligenarmee voran, die auf direktem Wege durch die Ukraine nach Zentralrussland marschierte. Angesichts dessen widerstand Denikin der Versuchung nicht, nach der schnellen Eroberung Moskaus zu greifen. Ende des Monats standen seine Truppen vor Tula, wenige hundert Kilometer südlich der Hauptstadt. Der Gewaltstreich erwies sich jedoch als fatal. Da die westliche Armee nicht mithalten konnte, blieb Denikin ohne Flankenschutz. Ende Oktober vollzog sich die entscheidende Wende, ein überstürzter Rückzug begann. Zugleich wurde Kritik am Oberbefehlshaber laut, der sein Amt im Frühjahr 1920 niederlegte. Mit englischer Hilfe unternahm sein Nachfolger von Wrangell im Sommer von der Krim aus einen letzten Versuch, Terrain zu gewinnen. Als alliierte Schiffe die Reste der Freiwilligenarmee Mitte November evakuierten, war der Bürgerkrieg nicht nur im Süden zu Ende.

Denn die »weißen« Truppen im baltischen Raum unter General Nikolaj Judenič verfehlten ebenfalls ihr Ziel. Obwohl sie im Oktober 1919 bis vor die Tore Petrograds vordrangen, mussten sie unverrichteter Dinge zurückkehren. Auch hierbei griffen innerer Zwist, strategische Fehler und entschlossene, wenn auch späte Abwehr ineinander.

Die Frage drängt sich auf, warum die weißen Armeen und Gegenregierungen trotz massiver alliierter Hilfe unterlagen. Eine zentrale Ursache lag sicher in der Zersplitterung der antibolschewistischen Kräfte. Kadetten und demokratische Sozialisten hätten ihre Differenzen vielleicht noch überwinden können – zwischen ihnen und den

Generälen aber lagen Welten. Denn mit der weißen Bewegung kehrten nicht zuletzt Monarchisten in prominente Funktionen zurück, die im Revolutionsjahr keine Chance hatten. Und wo diese, wie in der sibirischen Militärdiktatur, weitgehend unter sich waren, fehlte es an Popularität. Wer sich zum Retter Russlands aufschwang, brauchte über Gleichgesinnte hinaus hinreichende Unterstützung in der Bevölkerung. Diese aber blieb aus.

Umgekehrt gelang es den neuen Herren in erstaunlich kurzer Zeit, ihrer Herrschaft einen schlagkräftigen militärischen Arm zu verschaffen. Der schnelle Aufbau der »Roten Arbeiter- und Bauernarmee« gehört zu den größten Leistungen, die das bolschewistische Regime in diesen entscheidenden Jahren vollbrachte. Die Namensänderung bedeutete dabei mehr als einen bloßen Etikettenwechsel. Was per Dekret vom 19. Januar 1918 gegründet wurde, war etwas bewusst anderes als die Milizen der Revolutionszeit. Die Sowjetmacht bewies in dieser Frage von Leben und Tod einmal mehr ihre ausgeprägte Lernfähigkeit, zugleich aber auch ihre Bereitschaft, Grundsätze von gestern ohne Bedenken über Bord zu werfen. Sie schob die Idee beiseite, eine neue, auf Überzeugung statt auf erpresstem Gehorsam beruhende Organisation der Staatsverteidigung zu schaffen. Vom Gedanken der Volksbewaffnung kehrte sie zur Armee alten Typs zurück. Hierarchie und Disziplin sollten wieder für maximale Kampfkraft sorgen. Die Wahl der Offiziere, das Symbol der Soldatenrevolution, wurde abgeschafft. Eine neue allgemeine Wehrpflicht ersetzte die Freiwilligkeit des Beitritts zur Miliz. Und Feldgerichte gaben den Befehlen, unterstützt von Exempeln außerordentlicher Grausamkeit nicht zuletzt durch Trotzki, wieder den gehörigen Nachdruck. Auf diese Weise gelang es der neuen Armee, das Hauptproblem der alten, die Desertion, in den Griff zu bekommen. Schon das schiere Wachstum sprach für sich: Von 100 000 Mann im April 1918 wuchs die Rote Armee auf eine Million im Oktober 1918 und fünf Millionen 1920.

Freilich hätte solche Macht der Zahl ohne qualifizierte Führung wenig genutzt. Gerade in dieser Hinsicht strafte das Regime alle früheren Beteuerungen Lügen. Es griff, wie in den Ministerien, auf die einzigen ausgebildeten Offiziere zurück, die zur Verfügung standen: die der alten zarischen Armee. Patriotische Appelle und materielle Anreize bewogen etwa 48000 ehemalige Offiziere und 215000 Unteroffiziere zum Wiedereintritt in ihre einstigen Funktionen. Lenin selbst räumte später ein, dass die Rote Armee ohne sie nicht hätte entstehen und siegen können.

Allerdings blieben die Spitzenpositionen eigenen Generälen vorbehalten. Nicht die geringste Leistung der Bolschewiki bestand darin, dass sie einige Strategen von Rang hervorbrachten. Michajl Frunze, der den Südosten bis Turkestan eroberte, der junge Michail Tuchačevskij, der Kolčak zurückwarf, der bald legendäre Kavalleriegeneral Semen Budënnyj, der den Kosaken den Schneid in ihrer ureigensten Kampfart abkaufte – sie bewiesen militärische Qualitäten, die denen der erfahrenen Generalstabsoffiziere auf der gegnerischen Seite überraschenderweise nicht nachstanden. Über allem schließlich schwebte der rastlose Trotzki, ein begabter Inspirator und fähiger Organisator, dabei hart bis über die Grenzen des Menschlichen hinaus. Der berühmte rot beflaggte Panzerzug, der ihn quer durch das Riesenreich trug, wurde bald zum Symbol des Sieges.

Bei alledem entschied nicht die Leistung der Roten Armee allein über den Sieg. Hinzu traten geographische, demographische und infrastrukturelle Faktoren, die ihr kaum einholbare Vorteile verschafften. Sie ergaben sich im Kern aus dem grundlegenden Tatbestand, dass die Bolschewiki über Zentralrussland herrschten und sich seiner überlegenen Ressourcen bedienen konnten. Der Großraum um Moskau war am dichtesten besiedelt. Hier konzentrierten sich Industrie, Handel und Gewerbe, hier liefen, zu Wasser und zu Land, die Transportwege zusammen, und hier befanden sich die alten Zitadellen der administrativ-politischen und militärischen Macht. Dagegen mussten sich die weißen Armeen und Regime nach dem Fall Samaras in die dünnbesiedelten Randgebiete des Reiches oder nach Sibirien zurückziehen. Besonders im Südosten operierten sie auf dem Territorium nichtrussischer Völker, auf deren Hilfe sie kaum rechnen konnten. Die Weite des Raumes bot gewiss auch strategische Vorteile, aber eher für einen langen Rückzug, nicht für den Vormarsch ins Zentrum.

Indes war die Selbstbehauptung des Sowjetregimes nicht nur eine Frage militärischer Überlegenheit. Ebenso verlangte sie die Mobilisierung aller Ressourcen des Landes. Gegen jede Wahrscheinlichkeit bestanden die Bolschewiki auch diese Prüfung. Indes war der Sieg teuer erkauft. Im Kampf auf Leben und Tod nahm jener zentralistisch-autoritäre Einparteienstaat samt der korrespondierenden nationalisierten Planwirtschaft konkrete Gestalt an, den die Räteherrschaft in ihrer bolschewistischen Interpretation zwar auf den Weg gebracht, aber erst in den Grundstrukturen festgelegt hatte. Ausnahmslos setzte sich in Staat, Wirtschaft und Gesellschaft (nur die Kultur blieb vorerst ausgespart) die Einsicht durch, dass basisdemokratische Experimente nicht geeignet seien, das Regime vor dem Zusammenbruch zu bewahren. »Die nächsten Aufgaben der Sowjetmacht« hießen Organisation und Disziplin, »Rechnungsführung und Kontrolle«, »Steigerung der Arbeitsproduktivität« und Effizienz. Der Weg zum Sozialismus sollte über zentrale Steuerung, Unterordnung und Kontrolle führen.

Allerdings war auch dieser Kurswechsel umstritten. Die »Linken Kommunisten« verwahrten sich gegen die Gleichsetzung von Mitbestimmung und Anarchie. Sie leugneten die unterstellte Alternative und warnten vor der Gefahr einer dauerhaften Deformation der angestrebten, als prinzipiell selbstbestimmt gedachten sozialistischen Gesellschaft. Nur bestand ihr Dilemma darin, dass der Imperativ der Not, den Lenin und Trotzki ins Feld führten, überzeugender war als Befürchtungen für die Zukunft.

Was im Sommer 1918 Gestalt annahm, war jedoch nicht die anvisierte Verbindung aus Sowjetmacht und »letztem Wort« kapitalistischer Technik. Vielmehr entstand mit Beginn des Kampfes abermals eine Mangelwirtschaft. Deren spätere Idealisierung zur »Ökonomik der Transformationsperiode« (Bucharin) hat den Streit darüber begründet, ob der so genannte Kriegskommunismus bereits der Versuch war, eine Wirtschaft neuen Typs zu schaffen, oder nur das Ergebnis von Improvisation angesichts allgegenwärtiger Not. Mittlerweile hat sich die Meinung durchgesetzt, dass die Alternative danebentrifft. Zweifellos ergaben sich wesentliche Prinzipien aus dem Programm, den »bürgerlichen« Kapitalismus zu überwinden. Auf der anderen Seite erbte das neue Regime die alten Probleme. Die Versorgungslage wurde von Tag zu Tag prekärer, die Inflation grassierte unvermindert, und die industrielle Produktion fiel ins Bodenlose. Das Regime fand für diese Probleme teils neue, teils ähnliche Lösungen wie seine Vorgänger. Kriegswirtschaft blieb Kriegswirtschaft, aber im Rahmen anderer Vorgaben.

Das Fundament für die neue Wirtschaftsorganisation legte die weiter vorangetriebene Nationalisierung. Was nach dem Oktober als spontane Übernahme durch Fabrikkomitees und örtliche Sowjets begonnen hatte, wandelte sich im Frühjahr zum Instrument zentraler Wirtschaftslenkung. Dabei bediente man sich vor allem regionaler Volkswirtschaftsräte, die seit Dezember nach dem Vorbild des VSNCH gebildet worden waren. Ihr erster allrussischer Kongress sorgte maßgeblich dafür, dass per Dekret vom 28. Juni 1918 die gesamte Großindustrie verstaatlicht wurde und ideologischer Purismus über pragmatische Mäßigung siegte. Dennoch blieben erhebliche Lücken in der Zuständigkeit staatlicher Stellen. Die Enteignung hatte die Mehrheit der Unternehmen, die Handwerks- und Kleinbetriebe, ausgespart. Eine Mischwirtschaft war entstanden, die dem Schwarzmarkt zur Blüte verhalf. Um ihn auszutrocknen und die staatliche Kontrolle zu erweitern, verfügte man Ende November auch die

Enteignung aller Betriebe, die mehr als zehn Lohnarbeiter beschäftigten. Ökonomisch bewirkte diese Maßnahme wenig, da zwei Drittel aller Betriebe unterhalb dieser Schwelle operierten. Politisch aber war eine Grundentscheidung getroffen, die auch die Neue Ökonomische Politik (NEP) nach 1921 nicht aufhob.

Als unverwechselbares Kennzeichen des Kriegskommunismus hat sich dem historischen Bewusstsein jedoch eine andere Maßnahme eingeprägt: die Zwangseintreibung von Getreide. An sich wiederholten die Bolschewiki im Mai 1918 nur, was bereits die Provisorische Regierung getan hatte: Sie erklärten Getreide zum Staatsmonopol und riefen Beschaffungskomitees ins Leben. Dennoch wurde schnell deutlich, dass ein anderer politischer Wille am Werk war. Die Sowjetregierung begnügte sich nicht mit Appellen. Sie drohte mit Gewalt und schuf im Juni 1918 Institutionen, die helfen sollten, auch das letzte Korn in den Hütten ausfindig zu machen. Um das nötige Engagement sicherzustellen, durften diese »Komitees der Dorfarmut« einen bestimmten Anteil behalten. Der Zweck heiligte die Denunziation: Neid, Gier und schiere Not wurden zu Instrumenten der Nahrungsmittelbeschaffung. Es war ein Beleg für die Festigkeit der Dorfgemeinschaft, dass die Rechnung nicht aufging. Arm und »Reich« hielten zusammen, das Klassenschema erwies sich als untaugliches Mittel zur Analyse der dörflichen Sozialbeziehungen. Bereits Ende 1918 wurden die meisten Komitees wieder aufgelöst.

Umso eher wuchs die Neigung, die Versorgung der Städte mit Gewalt zu sichern. Noch im Sommer wurden separate Detachements aus besonders zuverlässigen Parteimitgliedern, vorzugsweise Petrograder Arbeitern, zusammengestellt, die eine weitere Front des inneren Krieges eröffneten. Endgültig ersetzte Requisition den Markt. Da der Ertrag trotz allem enttäuschend blieb, ging das Sowjetregime im Januar 1919 dazu über, Ablieferungsquoten pro Gouvernement auf der Grundlage grober Schätzungen festzusetzen (*prodrazverstka*). Zugleich hielt man an der Fiktion des Kaufs fest; nur fehlten die

Waren, die das Dorf hätte erwerben können. Die Rede vom »nichtäquivalenten Tausch« kleidete in harmlose Worte, was für die Bauern schlichter Raub war.

Die gewaltsame Eintreibung der Nahrungsmittel bei den Produzenten fand ihre Ergänzung in kostenloser Verteilung an die städtischen Verbraucher. Der Staat begann, den gesamten Warenverkehr zwischen Stadt und Land zu regulieren. Parallel dazu weitete er sein Monopol auf fast alle Verbrauchsgüter und Rohstoffe aus. Faktisch wurde auch der (legale) Handel nationalisiert.

Von hier aus war schließlich der Weg zu einer Wirtschaftsreform nicht weit, die auf das Symbol des Kapitalismus selber, auf Geld, verzichtete. Wenn alle Konsumgüter von staatlichen Agenturen eingetrieben und verteilt wurden, wenn die Rohstoffe auf gleichem Wege in verstaatlichte Produktionsstätten gelangten, bedurfte es keines Wertzeichens mehr, das diesen Tausch regulierte. Konsumenten und Produzenten erhielten, was vorhanden war. Kauf und Verkauf wurden überflüssig. Der Verzicht darauf fiel umso leichter, als das Geld seine Aufgabe nicht mehr erfüllte. Die Rubelscheine waren das Papier nicht mehr wert, auf dem sie gedruckt wurden. Ohne annähernd ausreichende Einnahmen wussten die neuen Regenten keinen anderen Rat, als die Staatsausgaben, d. h. im Wesentlichen die Kriegskosten, durch die Beschleunigung der Notenpresse zu decken. Da noch weniger Waren produziert wurden als in den Vorjahren, verfiel die Kaufkraft dieses Geldes ohne Halt. Bei kommunalen Dienstleistungen deckten die Einnahmen nur noch einen Bruchteil der Kosten, sodass der Entschluss nahe lag, Gas, Wasser, Strom und alle Konsumgüter kostenlos abzugeben (seit Januar 1921). Die freie Benutzung der Post und der Wegfall von Mietzahlungen durch die weitere Enteignung privater Wohnungen beschleunigten den Übergang zur »proletarischen Naturalwirtschaft«. Was gläubige Marxisten mit diesem Euphemismus gleichsam regimekonform einzufangen versuchten, war genau besehen nichts anderes als der notgeborene Rückfall in die primitive Ökonomie des Gütertauschs.

Es war denn auch nicht das staatliche Verteilungssystem, das die Versorgung der Stadtbewohner leidlich aufrechterhielt. Als lebensrettend erwies sich vielmehr der Fleiß unzähliger »Sackmänner«, die alle auf dem Dorf entbehrlichen Nahrungsmittel in die Städte trugen. Mit gutem Grund hat die Staatsmacht nie ernsthaft versucht, diesen Schwarzhandel zu unterbinden – sie brauchte ihn und die Mittelbauern, die ihn im Wesentlichen speisten. Umso grelleres Licht fällt auf die Leiden der armen Bauern, die nichts entbehren konnten. Dabei stand ihnen, da der staatliche Raub vor dem Saatgut nicht Halt machte, das Schlimmste noch bevor: die verheerendste Hungersnot, die das Reich seit Menschengedenken erlebt hatte, am Ende des Bürgerkriegs im Winter 1921/22.

Das Dorf nahm solche Zumutungen nicht endlos hin. Zwar blieb es, solange der Bürgerkrieg tobte, bei allem Aufbegehren gegen die Requisitionen ruhig. Sicher trugen Gewalt und Terror, deren sich die neuen Herren im Übermaß bedienten, maßgeblich dazu bei. Zugleich hatten die Bauern auch keinen Grund, sich auf die Seite der Gegenrevolution zu schlagen. Zu Recht sahen sie ihren kostbarsten Revolutionsgewinn, das Adelsland, in deren Händen schlechter aufgehoben. Die Unzufriedenheit wuchs jedoch, als sich der Kampfeslärm legte. Am heftigsten brach sie sich im Sommer 1920 im Gouvernement Tambov Bahn, wo bis zu 20000 Bauern bewaffneten Widerstand leisteten. Ihre Forderungen nach Einberufung der Konstituierenden Versammlung, aber auch nach Sozialisierung des Landes trugen unzweideutig die Handschrift der Sozialrevolutionäre. Ähnliche Erhebungen bedrohten die Sowjetmacht an der mittleren und unteren Wolga, am Don, im kaukasischen Vorland und in Südsibirien – fast die gesamte »Kornkammer« des bolschewistischen Herrschaftsgebiets verwandelte sich in eine »riesige Vendée«. Das Regime antwortete mit erbarmungsloser Härte und Massenerschießungen. Zugleich kam aber vor allem Lenin zu der Einsicht, dass Millionen von Bauern auf Dauer stärker sein würden. Es spricht erneut für sein politisches Gespür, dass er die Weichen für den Übergang zur NEP noch rechtzeitig, im Frühjahr 1921, stellte und das Regime rettete.

Nicht weniger tief waren die Spuren, die der Existenzkampf ins staatliche und politische Leben eingrub. Die neuen Prinzipien ließen die Grobstruktur der politischen Ordnung, so wie die Verfassung sie fixierte, zwar bestehen; aber sie veränderten die tatsächliche Machtverteilung grundlegend. Der Bürgerkrieg war die Zeit der außerordentlichen Organe, der Sondervollmachten und des Terrors. Zentrale Gremien setzten die regulären Zuständigkeiten außer Kraft und gaben der Verselbständigung der Apparate entscheidende Impulse. Ein Netz von Kommissionen, die keiner effektiven Kontrolle unterlagen und nur nach oben verantwortlich waren, überzog das Land.

Die erste Säule dieser Notstandsverwaltung wurde schon im Frühjahr 1918 errichtet, um den Schienenverkehr vor dem Zusammenbruch zu bewahren. Im Mai konnte das Versorgungskommissariat mit dem Aufbau der »Ernährungsdiktatur« beginnen. Ende November folgte ein zentrales Gremium zur Koordination der Rüstungsindustrie und Armeeversorgung in Gestalt des »Rates für die Arbeiter- und Bauernverteidigung«, der dank eigener Gesetzgebungskompetenz zu einem inneren Kabinett wurde.

Das bekannteste und umstrittenste dieser Sonderorgane war indes die »Allrussische Außerordentliche Kommission für den Kampf gegen Konterrevolution und Sabotage«, kurz *Tscheka* genannt. Bereits Anfang Dezember 1917 gegründet, spiegelt ihr ursprünglicher Zweck noch die Sorgen der ersten Wochen des Regimes. Vor dem Hintergrund eines Streiks der Staats- und Bankangestellten trug ihr der SNK »die Verfolgung und Bestrafung« aller gegen die Sowjetmacht gerichteter Handlungen sowie Maßnahmen zur Verhinderung weiterer staatsfeindlicher Aktionen auf. Trotz der bedenkenlosen Vereinfachung solcher Formulierungen spricht wenig dafür, dass der Beschluss bereits die Entstehung einer allmächtigen Geheimpolizei im Visier hatte. Im Ganzen übte die Tscheka im ersten halben Jahr ihrer Existenz noch keine eigenmächtige Sammeljustiz aus. Dazu trug der Umstand wesentlich bei, dass ihr im linkssozialrevolutionären Justizkommissar ein Rivale erwuchs, der sie mit Argusaugen beobachtete. Freilich ließ sie ihren Machtanspruch früh erkennen. Mitte Januar 1918 billigte der SNK den Plan ihres Schöpfers Feliks Džeržinskij zur Aufstellung eigener bewaffneter Verbände. Wenig später begann sie, Dependancen in der Provinz einzurichten. Entsprechend schnell wuchs ihr Personal; bereits im Juni beschäftigte sie mehr Mitarbeiter (ca. 1000) als das Innenkommissariat.

Die eigentliche Wende aber brachte der sog. Aufstand der Linken Sozialrevolutionäre. Im Frühsommer hatte der beginnende Getreidekrieg dem Unmut der einstigen Partner weitere Nahrung gegeben. Als die Bolschewiki jegliche Konzessionen ablehnten, suchte die PLSR beim alten Rezept des »individuellen Terrors« Zuflucht. Der Schuss, der den deutschen Botschafter Graf Mirbach am 6. Juli tötete, sollte den schändlichen Frieden annullieren und die Regierung zum Kurswechsel zwingen. Vieles spricht dafür, dass die Linken Sozialrevolutionäre mehr gar nicht wollten. Sie hätten durchaus die Chance gehabt, nach der Macht zu greifen, trafen aber keine Anstalten dazu. Sofortige Verhaftungen konnten überdies ein weiteres Attentat nicht verhindern, das mit ihrem Wissen geplant wurde. Als Dora Kaplan am 30. August auf Lenin selbst zielte und ihn schwer verwundete, hätte sie um ein Haar weit mehr verändert als nur das deutsch-sowjetische Verhältnis.

Schon der »Juliputsch« hatte Anlass zu einer gründlichen Reorganisation und Vergrößerung der Tscheka gegeben. Nun folgte die *carte blanche* zur ungehemmten Selbstjustiz. Das Dekret »über den roten Terror« vom 5. September kündigte dem Klassenfeind und allen weißgardistischen Umtrieben gnadenlose Vergeltung an. Fortan interessierte der Einzelfall nicht mehr, der politische Mord wurde pauschaliert. Alles spricht dafür, dass die Wirklichkeit der berüchtigten Formulierung des hohen »Tschekisten« Martyn Lacis an Brutalität nicht nachstand: seine Organisation führe »keinen Krieg gegen Individuen«, sie lösche die »Bourgeoisie als Klasse« aus.

Im Dienste dieser Repressionsmaschinerie standen im Januar 1919 etwa 37 000, im Spätsommer 1921 gut 137 000 Mann. Die Tscheka wurde zum Staat im Staate, den die Nachbarressorts mit wachsendem Argwohn betrachteten. Auf Initiative des Innen- und Justizkommissariats musste sie auch gewisse Einschränkungen ihrer Vollmachten zugunsten von regulären Gerichten hinnehmen. Aber wirksame Barrieren gegen willkürliche Gewalt wurden nicht errichtet. Die Bilanz des Schreckens suchte in der jüngeren russischen Geschichte ihresgleichen. Zuverlässige Zahlen haben sich bislang nicht ermitteln lassen. Die sachkundigste Schätzung hält für den gesamten Zeitraum vom Dezember 1917 bis zum Februar 1922 280 000 Opfer für wahrscheinlich, etwa je zur Hälfte durch Exekutionen und Maßnahmen zur Unterdrückung von Aufständen verursacht. Andere Angaben schwanken zwischen 50 000 und 300 000. In jedem Falle erreichte der rote Terror schon im Herbst 1918 ein Ausmaß, das auch in der Regierung Proteste hervorrief. Gegen Kamenev und Bucharin behielt die von Lenin und Trotzki geführte Mehrheit jedoch die Oberhand. Sie tat die Kritik als »Spießergerede« ab. Was solchen Zynismus aufwog, war höchstens eines: dass auch die weißen Armeen grausame Vergeltung übten, wo sie Kollaborateure witterten.

Zur Gewalt im Bürgerkrieg gehört auch ein Geschehen, das erst in den letzten Jahren aufgeklärt werden konnte und viel Aufsehen erregt hat: die Ermordung der nach Ekaterinburg verbannten Zarenfamilie. Aufmerksamkeit hat die Untat dabei weniger aufgrund ihrer historischen Bedeutung erregt denn als Indiz für den Charakter des neuen Regimes. Nach allem, was seit 1989 ans Licht gebracht worden ist, wird man einen solchen Symbolcharakter nicht bestreiten können. Der Mord war nicht nur politisch sinnlos, weil der Zar längst abgedankt hatte und als Integrationsfigur einer gegenrevolutionären Sammlungsbewegung nicht taugte. Er war vor allem unverhältnismäßig und unverständlich grausam. Es ist nicht erklärbar, warum eine ganze Familie – neben dem Zarenpaar fünf Kinder – und ihre Bediensteten in der Nacht auf den 17. Juli 1918 in einem schaurigen Gemetzel von einem Exekutionskommando niedergeschossen und noch Lebende mit Bajonetten zu Tode gestochen wurden. Und auch der Umgang mit den Leichen war an entwürdigender Schändlichkeit kaum zu überbieten. Man versenkte sie in einem Bergwerksstollen, grub sie dann wieder aus und verbrannte sie, um ganz sicher zu gehen. Inzwischen weiß man, dass Lenin selbst – und kein übereifrig-grausamer Regional-Tschekist – den Befehl zur Hinrichtung gab. Dies zwingt zu dem Schluss, dass das Regime von Anfang an ohne Not mit äußerster Grausamkeit handelte.

Der Aufbau der Staatsverwaltung stärkte nicht nur den SNK und die neuen Sonderkomitees. Mit ihm ging auch der Aufstieg der bolschewistischen Partei einher. »Bürgerliche Spezialisten« konnten nur eine Notlösung sein; vor allem brauchte man qualifiziertes Personal aus den eigenen Reihen. Wer Karriere machen wollte, fand über die Partei alle Tore offen. Der Bürgerkrieg gab dieser Entwicklung einen weiteren Schub. Als der Allrussische Sowjet die rechten Sozialrevolutionäre und Menschewiki im Juni 1918 ausschloss, avancierte die (im März so umbenannte) Kommunistische Partei Russlands (Bolschewiki) endgültig zur Monopolpartei. Sie wurde zum Reservoir aller Führungskräfte und »verstaatlichte«. Zwar hatte die neue Rolle ihre Kehrseiten. Die besten Kräfte wanderten ab, vor allem in die außerordentlichen Organe und die Rote Armee. Kritiker monierten, dass die Partei überfordert sei und ihren Führungsanspruch nicht mehr einlösen könne. Die Mehrheit aber sah eher die Vorteile dieser Symbiose und nutzte sie. Im zweiten Bürgerkriegsjahr passte sich die Partei auch organisatorisch an. Neben das vergrößerte Zentralkomitee traten ein Politbüro als eine Art von Vorstand und ein Sekretariat. Dessen personeller Ausbau war bezeichnend. Von einer kleinen Kanzlei mit 15 Mitarbeitern im Januar 1919 mauserte es sich zu einer Behörde von der Größe eines Volkskommissariats (602 Mitarbeiter), die bis Februar 1921 gut 42 000 Parteigenossen in die Provinz schickte. Ohne die Mitwirkung der Partei wurde im ganzen Land kein wichtiges Amt mehr besetzt.

Auch die Partei selbst erlebte einen nie dagewesenen Ansturm. Im März 1921 registrierte man mit 730 000 Mitgliedern knapp dreieinhalb Mal mehr als im Herbst 1917. Dieses Wachstum wurde von sozialen Veränderungen begleitet. Die umworbenen Proletarier machten aus ihrer Enttäuschung kein Hehl. Viele suchten auch bei Verwandten und Bekannten auf dem Dorf Zuflucht, um der besonders drückenden Versorgungsnot in den Städten zu entgehen. Infolgedessen sank der Anteil registrierter Bolschewiki aus der Arbeiterschaft zwischen 1917 und 1921 von etwa 60 % auf 40 %. Davon profitierten Schichten, die stärker als zuvor in die Partei drängten: Bauern in der Roten Armee und Personen, die später mit dem Sammelbegriff »Funktionär« belegt wurden. In dem Maße, wie sich die Revolution institutionalisierte, brachte sie ihre eigenen Verwalter hervor. Vor allem sie gaben der Partei ein neues Gesicht und halfen, die Leitprinzipien von Hierarchie und Autorität im administrativen Alltag zu verankern.

Leidtragende dieser Entwicklung waren die Räte. Sie wurden nicht nur Opfer der Ausnahmesituation. Stärker noch fiel die Überzeugung Lenins und seiner Mitstreiter ins Gewicht, dass Idee und Institutionen der »proletarischen Demokratie« den außergewöhnlichen Aufgaben nicht gewachsen seien. Nichts brachte ihre Bedeutungslosigkeit klarer zum Ausdruck als die Tatsache, dass das CIK von Mitte Juli 1918 bis Anfang Februar 1920 kein einziges Mal zusammentrat. Die Macht lag beim SNK, einigen Sonderkommissionen und der Armee, aber nicht dort, wohin sie laut Verfassung gehörte.

Indes rief solche Missachtung des eigenen Anspruchs auch Kritik hervor. Sie wurde in dem Maße lauter, wie sich die militärischen Erfolge häuften. Das Ende des Krieges bot die Chance zur Korrektur von

Fehlern und zum Neuanfang. Auch die Rückkehr zum innersozialistischen Meinungspluralismus schien nicht ausgeschlossen. An den Sowjetkongressen dieser Zeit nahmen nicht nur die internationalistischen Menschewiki, sondern auch einige Sozialrevolutionäre teil. Beide konnten sich dabei auf wachsende Popularität stützen.

Was die Kritiker wollten, machte unter anderem Martov auf dem siebten Sowjetkongress im Dezember 1919 klar: das Exekutivkomitee wirklich zum entscheidenden Verfassungsorgan zu erheben. In der Tat erlebten die Räte eine Renaissance. Das CIK suchte seine Chance. Seine erste Sitzung nach anderthalbjähriger Pause Anfang Februar 1920 war ein Symbol. Zudem setzte sie inhaltliche Zeichen: Die Abschaffung der (erneut eingeführten) Todesstrafe zielte auf die Allmacht der Tscheka; die Einrichtung der Arbeiter- und Bauernkontrolle sagte der Diktatur von Sonderbehörden den Kampf an.

Angesichts der engen Verflechtung von Sowjets und Partei lag es auf der Hand, dass der Vorstoß des CIK abermals mit Streit in den Reihen der Bolschewiki selbst einherging. Die sog. Arbeiteropposition sorgte sich um die soziale Identität der Partei. Sie forderte die Mehrheitsfraktion auf, den Bedürfnissen der Arbeiter wieder stärker Rechnung zu tragen, sie in die Partei zurückzuholen und ihnen effektive Mitspracherechte zu gewähren. Den »Demokratischen Zentralisten« war eher die Diktatur der Parteizentrale ein Dorn im Auge, die den eigentlichen Anspruch der Sowjetmacht in sein Gegenteil verkehrt habe. Dabei stimmten beide Gruppen und die meisten ihrer Nachfolger in einem Punkte überein: dass die politische Freiheit auch der Arbeiter in Gefahr sei, ohne die der Sozialismus nicht leben könne.

Diese Sorge äußerten mit ihren Mitteln auch die Matrosen von Kronstadt. Kein anderer Akt ist so sehr zum Symbol der Deformation der Räteidee unter dem Oktoberregime geworden wie der Aufstand derjenigen, die wenige Jahre zuvor die Speerspitze der radikalen Revolution gebildet hatten. Seit langem von linkssozialrevolutionären und anarchistischen Ideen ebenso geprägt wie von bolschewistischen, hingen die Kronstädter Matrosen am Ideal autonomer und egalitärer Kommunen. Was sie im Februar 1921 forderten, konnten auch die Arbeiter unterschreiben, die zur selben Zeit in Petrograd und Moskau wieder in Massen auf die Straße gingen: unverzügliche Neuwahlen der Sowjets auf der Grundlage geheimer und gleicher Stimmabgabe, Rede- und Pressefreiheit für alle revolutionären Parteien, Koalitions- und Versammlungsfreiheit, gleiche Brotrationen für alle und anderes mehr.

So stand das Sowjetregime im Frühjahr 1921 am Scheideweg. Es durchlebte die schwerste innere Krise seit seinem Bestehen. Revolution und Bürgerkrieg hatten neun bis zehn Millionen Tote gefordert, viermal so viel wie der gesamte Weltkrieg. Etwa zwei Millionen Menschen, darunter ein erheblicher Teil der Elite von Besitz und Bildung, waren ins Ausland geflüchtet. Das Dorf hungerte. Die Industrie produzierte nur noch 12–16 % des Volumens von 1912. Arbeiter streikten und Bauern rebellierten in weiten Teilen des Landes. Unter solchem Druck versäumten Partei und Regierung nicht zu reagieren. Sie beruhigten die Dörfer durch die begrenzte Zulassung des freien Handels und Gewerbes, liquidierten die umstrittensten außerordentlichen Organe und hoben die Sondervollmachten anderer Behörden auf.

Mehr aber geschah nicht. Mit Ausnahme der NEP gingen die Reformen über kosmetische Korrekturen nicht hinaus. Das Aufbäumen der Sowjets war von kurzer Dauer, zumal die letzten prominenten Menschewiki und Sozialrevolutionäre das Land mit den Weißen verlassen mussten. Der »sozialistische Pluralismus« erlebte keine Wiedergeburt. Stattdessen verbohrten sich Lenin und Trotzki in die Vorstellung, die Zugeständnisse an »kleinbürgerliche« Bauern und kapitalistische Marktkräfte durch besondere Wachsamkeit kompensieren zu müssen. Es war kein Zufall, dass derselbe Parteitag, der im März 1921 die NEP auf den Weg brachte, jede »Fraktionsbildung« für alle Zukunft untersagte. Zu dieser Doppelstrategie passte die Art und Weise, wie die Regierung mit den Kronstädter Matrosen umsprang:

Man erklärte sie zu Konterrevolutionären und brach den Widerstand mit militärischer Gewalt. Nichts zeigte brutaler, dass das Regime nicht wirklich umkehrte. Seine Merkmale hatten Bestand. Erst diese Lernunfähigkeit machte die Kronstädter Matrosen zu Märtyrern der Idee eines freiheitlichen Sozialismus und zog den Schlussstrich unter die zweite Russische Revolution.

Kulturelle Revolution

Es war sicher das größte Versäumnis der sozialgeschichtlichen Betrachtungsweise, dass sie die kulturelle Dimension der Umbrüche von 1917 nur am Rande zur Kenntnis nahm. Zwar ist ihr der tief greifende Wandel auch der Lebens-, Denk- und künstlerischen Ausdrucksformen im ausgehenden Zarenreich nicht entgangen. Aber diese wurden zumeist separat behandelt und verschiedenen Disziplinen zugewiesen. Dass ihnen der integrative Blick neues Gewicht verleiht, hat erst die Aufwertung von Erfahrung, Wahrnehmung und mentaler Welt ins Bewusstsein gehoben.

Mit Blick auf das Oktoberregime hat dieser Perspektivenwechsel sogar zur Tendenz geführt, der Ideologie absoluten Vorrang einzuräumen. Der Umsturz im Namen des Sozialismus erscheint primär als geistige Umwälzung und »Kulturrevolution« und erst in zweiter Linie als soziale Revolution, deren klassisches Exempel er bis dahin zu sein schien. Am Anfang stand die »Erlösungsbedürftigkeit« (K. Schlögel) der Intelligenz, nicht die Modernisierungskrise des Zarenreichs. Für die Februarereignisse liegt eine solche Sehweise weniger nahe. Liberale Ideen waren diffuser und begrenzter im Anspruch. Wenn man ihre Leitmaxime jedoch im Wunsch nach »gesellschaftlicher« Machtteilhabe, bürgerlichen Freiheitsrechten und zivilgesellschaftlicher Selbstbestimmung sieht, lässt sich auch der Februarumsturz nicht zuletzt als Ergebnis einer geistig-mentalen Wende verstehen. Wie immer man das Verhältnis zwischen Ideen und Strukturen gewichtet, man sollte dem Anspruch der Bolschewiki, nicht bloß eine neue Gesellschaft, sondern einen neuen Menschen und eine neue Kultur zu schaffen, größere Beachtung schenken als bisher. Hier kam jener geschichtsphilosophisch untermauerte Weltverbesserungsanspruch zum Ausdruck, der die Russische Revolution in ihrem Selbstverständnis mit der französischen verband.

Stark vereinfacht gehören mindestens folgende Bewegungen und Ideen in den Kontext einer solchen »Kulturrevolution«:

(1) Zum einen setzte das sozialistische Regime jene Bemühungen um die Hebung der »Volksbildung« fort, denen sich die *zemstva* im späten Zarenregime verschrieben hatten. Dazu zählte vor allem die Beseitigung des Analphabetismus und der weitere Ausbau des Schulwesens.

(2) Zum anderen holten die revolutionären Regime die liberalen Errungenschaften nach, die in Westeuropa im Laufe des 19. Jahrhunderts erstritten worden waren. Dazu gehörte neben religiöser Toleranz vor allem die Trennung von Staat und Kirche.

(3) Drittens sind Strömungen zu nennen, die sich in unterschiedlichen Lebensbereichen gegen die überkommenen Wertvorstellungen und Verhaltenskonventionen richteten. Die meisten sympathisierten mit der politischen Revolution, verschmolzen aber nicht mit ihr. Dies galt zum Beispiel für feministische Gruppen und verschiedene Lebensreformbewegungen, von der Bohème bis zu den Nudisten.

(4) Die größte Bedeutung erlangten experimentell-avantgardistische Strömungen in der Literatur, Malerei, bildenden Kunst und Architektur, die sich mit dem Begriff der Moderne zusammenfassen lassen. Sie waren keine originären Produkte der Russischen Revo-

lution, sondern stammten überwiegend ebenso aus der westeuropäischen Geistes- und Sozialgeschichte wie der Marxismus selbst. Aber sie verbanden sich in natürlicher Wahlverwandtschaft mit der radikalen Opposition gegen die alte Gesellschaft und deren ästhetisch-moralische Normen. Gerade diese »proletarische Kulturbewegung« musste indes erfahren, dass die Bolschewiki exklusiv auf ihrem eigenen Verständnis dessen beharrten, was der Revolution diene.

(5) Schließlich sind Ideen zu erwähnen, die vom Oktoberregime selbst begründet oder massiv gefördert wurden. Sie bildeten den Kern jener »Revolutionskultur« (S. Plaggenborg), deren Propagierung den »Aufbau des Sozialismus« nach dem Ende des Bürgerkriegs begleitete. Charakteristische Beispiele waren vor allem der Maschinenkult und die »Gottlosen«-Bewegung.

Im Kampf gegen den Analphabetismus hatten die *zemstva* gewiss eine eindrucksvolle Leistung vollbracht. In den Städten konnten 1920 immerhin 73,5 % der Einwohner lesen und schreiben. Allerdings lag der Anteil der Lesenden und Schreibenden im Dorf bei nur 37,8 %, sodass für das neue Regime noch viel zu tun blieb. Damit erbte es eine Aufgabe, die so wenig sozialistisch war wie die Industrialisierung, aber ebenso fundamental. Die fortschrittlichste Technologie, die man einzuführen versprach, konnte nicht von Analphabeten bedient werden. Hinzu kam der nahe liegende Gedanke, dass man die Vermittlung elementarer Kenntnisse mit politischer »Aufklärung« verbinden könne. Wer lesen lernte, sollte gleich mit aufnehmen, wofür er das tat.

Dementsprechend früh wurde das neue Regime aktiv. Bereits zum allerersten SNK gehörte mit Anatolij Lunačarskij, dem Vorzeigeintellektuellen der Bolschewiki, ein Volkskommissar für Bildung. Sicher war es bezeichnend, dass Lenin ihm die neue Aufgabe mit den Worten übertrug, er müsse vor allem den Analphabetismus beseitigen. Dies sollte nicht länger durch bloße Angebote geschehen. Ein Dekret vom Dezember 1919 erhob den Besuch von Schreib- und Lesekursen erstmals zur Pflicht. Im Juni 1920 schuf man systemkonform eine »Außerordentliche Kommission«, die ein Netz von Kleinstbibliotheken über das Land ausbreitete. Selbst solch konzentrierte Anstrengungen konnten indes keine sofortigen Erfolge zeitigen (erst Stalin profitierte davon). Der Anspruch eilte der Wirklichkeit auch in dieser Hinsicht voraus. Aber er war ein charakteristischer und werbewirksamer Bestandteil der frühsowjetischen »Kulturrevolution«.

Deren schulisch-pädagogische Aspekte erschöpften sich jedoch nicht im Kampf gegen den Analphabetismus. Vielmehr richtete sich ihr Ehrgeiz auf einen Umbau des gesamten Bildungswesens. Auch in dieser Hinsicht konnte das neue Regime an vorgängige Veränderungen anknüpfen. Im Zuge der geistig-kulturellen Öffnung des Zarenreichs zum Westen waren neue Vorstellungen vom Menschen und seiner Erziehung rezipiert worden. Eine Reformpädagogik war entstanden, die von Anfang an mit der politischen Opposition sympathisierte. Beide teilten die Auffassung, dass der Mensch maßgeblich von seiner Umwelt geprägt werde. Erziehung bedeutete Praxis und Erfahrung, weniger die Vermittlung von Werten und Ideen. Wer den Menschen verändern wollte, musste erst die Welt verändern; soziale Reform und Erziehungsreform gingen Hand in Hand.

Von solchen Prämissen ließen sich auch die einschlägigen Überlegungen der Bolschewiki leiten. Die Zauberformel, die der unterstellten Entfremdung vom Alltag vorbeugen sollte, war der Ruf nach polytechnischer Ausbildung, nach Qualifikation von Kopf *und* Hand. Sie lag auch einem Dekret vom Oktober 1918 zugrunde, das die Umgestaltung des Erziehungswesens gleichsam bündelte: Die »Einheits-Arbeitsschule« sollte zum institutionellen Gehäuse der neuen Pädagogik werden. Indem sie ein vier- und ein fünfjähriges Curriculum zusammenband, ersetzte sie die separaten alten Schultypen (Volksschule, Gymnasium), die ausdrücklich aufgehoben wurden. Zum entscheidenden Erziehungsprinzip avancierte die praktische Arbeit. Dekret und Kommentar unterstellten dabei, dass die Vermittlung abstrakten Wissens nicht darunter leide, weil der Gegensatz zwischen beiden ebenso falsch sei wie die Polarität von Individuum und Kollektiv. In dieser Deutung rückte die Arbeits-Gesamtschule gleich mehrfach ins Zentrum des frühsowjetischen Bildungssystems: Sie vereinigte die Lehre der modernen Pädagogik vom natürlichen Lernen mit dem Erfordernis technischer Breitenqualifikation und nicht zuletzt dem »proletarischen Klassenstandpunkt«.

Das neue Regime wollte die soziale Öffnung aber nicht nur in den »Jugend«-, sondern auch in den Hochschulen durchsetzen. Gerade akademische Bildung hatte im Zarenreich als Privileg der »Gesellschaft« gegolten; auch sie sollte für alle zugänglich werden. Rechtlich schuf ein entsprechendes Dekret schon Anfang August 1918 die nötigen Voraussetzungen. Die Bolschewiki begnügten sich jedoch nicht damit; sie wollten durch vorbereitende, allein Arbeitern und Bauern vorbehaltene Kurse wirkliche Chancengleichheit überhaupt erst herstellen. In solcher Absicht gründeten sie seit Februar 1919 »Arbeiterfakultäten«. Organisatorisch gehörten diese zu den Universitäten, inhaltlich eher zur Erwachsenenbildung. Der Zuspruch war groß. Auch wenn das Niveau der Kurse selbst im Bildungskommissariat für mäßig gehalten wurde, entfalteten sie eine erhebliche Signalwirkung: Eine solche Einrichtung brach mit allen Traditionen und war fraglos revolutionär.

Liberale Errungenschaften des 19. Jahrhunderts nach Russland zu bringen war das Kernanliegen des Februarregimes. Politisch ist es auch erreicht worden; Demokratie, Bürgerrechte und Pressefreiheit wurden zumindest formal verankert. Zurückhaltung übte die Provisorische Regierung aber bei der Säkularisierung im Sinne der Verdrängung der Kirche nicht nur aus der operativen Politik, sondern aus staatlichen Einrichtungen (wie Schulen) generell. Die Liberalen wollten so weit nicht gehen; sie nahmen an der russischen Tradition eines starken Einflusses der Orthodoxie auf die Gesellschaft den geringsten Anstoß. Ihre sozialistischen Koalitionspartner mochten das anders sehen, hielten aber entsprechende Initiativen nicht für vordringlich.

Dies änderte sich ebenso plötzlich wie fundamental mit der bolschewistischen Machtergreifung. In der Oktobernacht übernahm ein militanter Atheismus die Herrschaft, der von der Überzeugung ausging, dass die bevorstehende Umwälzung nicht nur eine politische, sondern auch eine geistig-kulturelle sein sollte. In der sozialistischen Gesellschaft hatte die Orthodoxie als Helfershelfer der zarischen Despotie keinen Platz mehr. Wer aber den Einfluss der Kirche beschnitt, griff tief in den Alltag der Menschen ein. Denn sie bestimmte die Festtage, sie zelebrierte die »Transitionsriten« des Lebens (Taufe, Hochzeit, Begräbnis) und legte fest, was gut und böse war. Die Trennung von Staat und Kirche wurde auf diese Weise zum Auftakt einer Lebensreform.

Dem trugen gleich zwei frühe Dekrete der Sowjetmacht Rechnung. Mit Erlass von Ende Dezember 1917 erkannte der Staat nur noch die Eheschließung vor Vertretern des Staates an. Zugleich verfügte er die rechtliche Gleichstellung der Ehepartner. Auch die Ehefrau sollte fortan in den uneingeschränkten Genuss der Grundrechte (Briefgeheimnis, Freizügigkeit) kommen, der religiös legitimierte Patriarchalismus in der Ehe der Vergangenheit angehören. Wenig später verabschiedete der SNK eine korrespondierende Scheidungsregelung. So wie eine Ehe zustande kam: durch gemeinsame Willenserklärung, sollte sie auch aufgelöst werden. Deutlicher noch als die ausschließliche Anerkennung der Zivilehe warf dieses Gesetz das althergebrachte, prinzipiell unaufhebbare Ehesakrament über Bord. Ende Januar 1918 schließlich verallgemeinerte ein weiterer Erlass diese Regelung. Kirche und Staat wurden in allen öffentlichen Belangen getrennt. Nicht nur sollte die Begleitung staatlicher Handlungen durch kirchliche Zeremonien unterbleiben. Ausdrücklich verfügte das Dekret auch die Trennung von Schule und Kirche. Religion wurde als Fach abgeschafft.

Freilich begnügten sich die Bolschewiki nicht mit solchen Bestimmungen, die zwar hart waren, aber sachlich nicht über die Säkularisierung z. B. der Französischen Revolution hinausgingen. Weitere Paragraphen verboten »kirchlichen und religiösen Gemeinschaften«, Abgaben und Spenden von ihren Mitgliedern einzutreiben. Desgleichen wurde ihnen jegliches Eigentum untersagt. Damit begann ein Frontalangriff gegen die Kirche, der bald terroristische Formen annahm und der Orthodoxie als Institution das Rückgrat brach.

Die bekannteste antikonventionelle Bewegung war sicher die feministische. Soziale, politische und kulturell-moralische Ziele verbindend formulierte sie Forderungen, von denen sich nicht nur die konservative Gesellschaft attackiert fühlte, sondern auch die neue, politisch weitgehend liberale wirtschafts- und bildungsbürgerliche Elite in den Städten. Russischer Feminismus fand sich deshalb noch eindeutiger im sozialistischen Lager als in Westeuropa, wo auch er seine Inspirationsquelle hatte. Zwar gab es eine liberale Frauenbewegung, die in den Jahren der ersten Revolution nach dem Vorbild der englischen Suffragetten vor allem für die Einführung des Frauenwahlrechts focht. Aber sie blieb marginal. Auch nach dem Februarumsturz blühte sie nicht auf, nur aus dem gegenteiligen Grund: Das allgemeine Wahlrecht schloss die Frauen ebenso ein, wie ihnen die sonstigen Bürger- und Freiheitsrechte zuerkannt wurden. Die weibliche Emanzipationsbewegung hatte – ein seltener Fall – gesiegt, ohne je bedeutend gewesen zu sein.

Was indes unerfüllt blieb, war das Hauptanliegen des radikalen Feminismus: die soziale Gleichstellung der Frau. Dieses Programm verband sich untrennbar mit der Person von Alexandra Kollontaj. Die *femme fatale* des Bolschewismus warb in zahlreichen journalistisch-literarischen Werken für ihre Grundeinsicht, dass formale Rechte wenig nutzten, solange die Rollenverteilung zwischen den Geschlechtern unverändert bleibe. Die Frau sollte, dies der Angelpunkt all ihrer Überlegungen, von ihrer biologisch nur vermeintlich vorgegebenen Rolle als Mutter und Hausfrau befreit werden, die Sorge für die Familie nicht länger das Joch sein, dem sie Beruf und politische Aktivitäten opfere. Die neue Gesellschaft sollte die Kindererziehung an öffentliche Betreuungsstätten übergeben, die Hausarbeit durch Gemeinschaftsküchen und andere Einrichtungen (in der Vision auch durch Technisierung) auf ein Minimum reduzieren und die Frauen wieder sich selbst und dem außerfamiliären Leben zurückgeben. Wenn das »andere Geschlecht« auch ökonomisch auf eigenen Füßen stehe, büße nicht nur die Ehe ihren Sinn ein, sondern auch die Familie: Das »Arbeitskollektiv« werde sie ersetzen.

Kollontaj hat solche Zukunftsvorstellungen zeitweise in verschiedenen Funktionen auch »amtlich« geäußert und gewiss an sie geglaubt. Nur eines gelang ihr nicht: sie in den Aufbau des neuen Staates einzubringen. Eine Ursache dafür lag sicher darin, dass sie 1920-21 zu den Köpfen der »Arbeiteropposition« gehörte und aus dem Zentrum der Macht entfernt wurde. Eine andere wird aber auch darin zu sehen sein, dass Lenin von feministischen Bestrebungen, die über die rechtlich-soziale Gleichstellung hinausgingen, nicht viel hielt. Schon in der Emigration hatte er die Forderungen nach neuen Geschlechterbeziehungen für »kleinbürgerlichen« Unsinn erklärt. Und obgleich auch er verbal von der alten Familie Abschied nahm, füllte er die neue doch mit *seinen* Vorstellungen von kommunistischer Moral: sexueller Disziplin (nicht ohne Prüderie) und – trotz stärkerer Betonung der Gegenseitigkeit der Verpflichtungen – weitgehender Beibehaltung der überkommenen Rollenverteilung, dominiert vom Imperativ »proletarischer« Gesinnung und des Engagements für den Sozialismus.

In gewisser Weise bündelten sich die kulturellen Seitentriebe der radikalen Revolution in der »Proletarischen Kulturbewegung« (dem

Proletkul't). Dessen Anhänger wollten sich am wenigsten mit einer bloßen politisch-sozialen Umwälzung zufrieden geben. Sie argumentierten nicht ohne Konsequenz, dass die neue Gesellschaft nur von neuen Menschen geschaffen werden könne. Wenn der Sozialismus keine bloß übergestülpte Form bleiben sollte, musste er sich auf neue Denk- und Lebensformen gründen.

In diesem Geist wurde die marxistische Theorie von einem produktiven und hochbegabten Mann rezipiert, der als treibende Kraft der gesamten Bewegung gelten darf. Alexander Bogdanov, Bolschewik der ersten Stunde, bemühte sich von Anfang an um die erkenntnis- und wissenstheoretische Dimension des Marxismus. Er nahm die Einsicht ernst, dass der Mensch der entscheidende Urheber seiner Lebensbedingungen sei. Wenn man ihn nicht zum bloßen Reflex der Umwelt degradierte, kam Wahrnehmungen, Erfahrungen und Ideen grundlegende Bedeutung zu. Bogdanov ging von der aktuell anmutenden Prämisse aus, dass die psychomentale Matrix der Menschen insgesamt umzuwälzen und kein wirklicher Sozialismus ohne korrespondierende Erfahrungs-, Lebens- und Denkform möglich sei. Konkret ergab sich daraus, dass sich die sozialistische Bewegung nicht auf gewerkschaftlich-politischen Kampf beschränken durfte. Von der Streikerfahrung führte ein direkter Weg zur Genossenschaftlichkeit der neuen Gesellschaft. Der »Krieg gegen den Kapitalismus« musste »gleichzeitig positive, schöpferische Arbeit« sein – »die Ausarbeitung der sozialistischen proletarischen Kultur«.

Auch der Erprobung solcher Ideen machte die Radikalisierung der Revolution im Sommer 1917 die Bahn frei. Bezeichnend war dabei, wo der erste entsprechende Beschluss gefasst wurde: auf einer Konferenz der Petrograder Fabrikräte. Solange der *Proletkul't* Eigenleben besaß, suchte er wie kaum eine andere bolschewistische Strömung den Zuspruch der Basis. Zugleich brauchte er die finanzielle Hilfe des Staates. Diese wurde Anfang 1918 bereitgestellt, zumal der Kulturkommissar Lunačarskij einst selber zu den Mitstreitern Bogdanovs gehört hatte. So erreichte der *Proletkul't* inmitten der Not und der Turbulenzen des Bürgerkriegs seinen Höhepunkt. 1920 registrierte man ca. 3000 Sektionen mit 80000 aktiven Mitgliedern. Seit Juli 1918 erschien ein Zentralorgan gleichen Namens mit Bogdanov als Chefredakteur.

Ihrem Selbstverständnis nach sollte die »proletarische« Kultur das Erbe der Vergangenheit produktiv aufnehmen und weiterführen. Auch in diesem Sinne sollte der Sozialismus die Vollendung der gesamten Menschheitsgeschichte sein. Die radikale Mentalität des Oktoberregimes förderte jedoch auch in Kunst und Kultur eine Neigung zum Bildersturm. Was mit Religion und Kirche geschah, galt vielen Anhängern des *Proletkul't* als Muster für das geistige Leben allgemein. Symptomatisch dafür waren Verse eines »proletarischen« Dichters, in denen es hieß: »Ein leidenschaftlicher stürmerischer Rausch hält uns gefangen, / Auch wenn man uns zuruft: ›Ihr seid die Henker des Schönen!‹ / Verbrennen wir Raffael im Namen unseres Morgen, / Zerstören Museen und zertreten die Blüten der Kunst.«

In der Tat wurden neue Formen in Kunst und Kultur geschaffen. Der *Proletkul't* suchte die Masse. Zum Kern seines Selbstverständnisses gehörte die Absicht, den Elitarismus von Literatur, Musik und Bildung zu überwinden. Jeder, der lesen und schreiben konnte, sollte in ihren Genuss kommen. Offene Studios und Ateliers entstanden; die Künste, besonders die dramatischen, gingen auf die Straße. Frühester Propagandist einer »Theatralisierung des Lebens« war der Dramatiker Vladimir Majakovskij, dessen »Mysterium buffo« – Rezeption und Parodie des Passionsspiels zugleich – am ersten Jahrestag des Oktoberumsturzes aufgeführt wurde. Die Einbeziehung der Stadt als Bühne nahm kolossale Ausmaße an und nutzte den durchaus simplen Mechanismus, durch schiere Masse den Eindruck des Gewaltigen zu erzeugen. Seinen Höhepunkt erreichte dieses Massenschauspiel in einer Nachstellung des (angeblichen) Sturms auf den Winterpalast am Jahrestag des Oktobercoups. Prominente Regisseure ließen bis zu 10 000 Akteure gegeneinander antreten, um eine Massenbewegung und einen Massenkampf vor Augen zu führen, der gar nicht stattgefunden hatte. 100 000 Zuschauer, die danach noch einer Parade im Fackellicht beiwohnen konnten, sorgten für jene monumental-suggestive Kulisse, deren Inszenierung bald typisch wurde für die diktatorischen und autoritären Regime des 20. Jahrhunderts.

Freilich war der Alltag des *Proletkul't* traditioneller und weniger spektakulär. Dazu zwangen schon die Ressourcen an Personal und künstlerischem Repertoire. Die Produktion hielt weder mit dem Wandel der Anforderungen noch mit der wachsenden Zahl der kleinen Theater Schritt. Auf dem Spielplan standen überwiegend vorrevolutionäre Stücke, die man höchstens nach dem Grad ihrer ideologischen Konformität differenzieren konnte. An den Leseabenden blieb oft alles beim Alten. Derselbe Sachkenner gab eine Einführung in dasselbe Werk wie vor 1917. Dafür war nicht zuletzt ein sozialer Tatbestand verantwortlich: Kaum überraschend rekrutierte sich die tragende Schicht aus der alten sozialistischen Intelligenz. So half der *Proletkul't* zwar tatkräftig, der städtischen Unterschicht klassische Bildung nahe zu bringen. Aber die angestrebte Vermittlung einer neuen Kunst und Kultur erreichte er nicht. Vielmehr erscheint er im Rückblick eher als Teil der künstlerischen Moderne, die seit der Jahrhundertwende auch ins Zarenreich eingedrungen war. Der *Proletkul't* band die experimentellen, avantgardistischen Strömungen, vom Expressionismus über den Kubismus bis zum Futurismus, nicht zu einer neuen, »sozialistischen« zusammen, sondern bestand mit oder aus ihnen.

Auch aus anderen Gründen kam sein Niedergang nicht unerwartet. Zum einen war die Autonomie des *Proletkul't* der Partei unbehaglich. Zum anderen betrachtete Lenin seinen alten Widersacher Bogdanov nach wie vor als verkappten Idealisten. Anfang Oktober 1920 ließ er seinem Spott über die selbst ernannten »Fachleute für proletarische

Kultur« freien Lauf und brandmarkte ihre Ideen als »kompletten Unsinn«. Welche Rolle die Zellen des *Proletkul't* nach seiner Meinung übernehmen sollten, machte ein Resolutionsentwurf des ZK deutlich: »Hilfsorgane eines Netzes von Institutionen des Volkskommissariats für Bildungswesen« zu sein. Wenig später folgte ein Dekret, das diese Integration in Lunačarskijs Apparat erzwang.

Schließlich brachte der Oktoberumsturz auch eine Vielzahl kulturell-gesellschaftlicher Bewegungen hervor, die vom neuen Regime entschieden unterstützt wurden. Zwei seien exemplarisch skizziert. Der Kommune-Gedanke war nicht neu und ausnahmsweise auch kein westeuropäischer Import. Auf dem Dorf besaß er in Gestalt der *obščina* eine lange Tradition. Im Wanderhandwerk waren sog. Artele verbreitet, die sich gemeinschaftlich verdingten, oft auch zusammenlebten und als Ganze entlohnt wurden. Und spätestens seit Nikolaj Černyčevskijs einflussreichem Roman »Was tun?« von 1862 lag das Kollektiv als ideale Sozialform allen revolutionären Theorien zugrunde, marxistischen ebenso wie agrarsozialistischen. Allerdings waren solche Visionen über den vergleichsweise kleinen Kreis der revolutionären Intelligenz kaum hinausgekommen.

Dies änderte schon der Februarumsturz, insofern die linken Parteien nun frei für ihre Ideen werben konnten. Aber den entscheidenden Nachdruck brachten erst die Oktobernacht und der Bürgerkrieg. Auf den Dörfern entstanden erste »Kollektivwirtschaften« (=Kolchosen). Sie gingen über die traditionelle gegenseitige Hilfe bei der Aussaat und Ernte darin hinaus, dass sie alle Arbeiten, Großgeräte und den gesamten Boden »vergesellschafteten«. Nur Gegenstände des persönlichen Gebrauchs blieben ausgeschlossen. Idealiter sollten Kommunarden auch gemeinsam kochen und wohnen. Gegen Ende des Bürgerkriegs (1921) gab es ca. 3000 solcher Landkommunen, nicht wenige, aber doch eine Zahl, die anzeigt, dass sie trotz massiver obrigkeitlicher Unterstützung eine marginale Erscheinung blieben. Die überwältigende Mehrheit der Bauern wollte nach altem Herkommen leben: in der Familie, die zugleich Wirtschaftseinheit war, und der *obščina*, nicht in einer Kommune.

Auch in den Städten sollte Gemeinschaftlichkeit »kleinbürgerlichen« Individualismus ablösen. Da Kommunen hier an keine Tradition anknüpfen konnten, ging von ihnen sogar ein größerer ideologischer Demonstrationseffekt aus. Dabei waren auch sie in der Regel ein Produkt überschießender Kompensation von Not und Chaos. Kommunen entstanden in den enteigneten Palästen der Reichen von gestern. Es war eine der augenfälligsten Manifestationen der sozialen Revolution, dass die abgerissenen Gestalten aus den Mietskasernen der Vororte in die Beletage der Luxushäuser im Zentrum einzogen. Dort fanden sie zwar viele und große Zimmer vor, aber nur eine Küche und ein Bad – räumliche Voraussetzungen, die nachgerade zu Wohngemeinschaften zwangen. Die meisten Bewohner solcher *kommunalki* nahmen die Einschränkung der Privatheit als Tribut an die widrigen Umstände hin. Andere machten aus dem Mangel an besserem Wohnraum (der bis in die 1950er Jahre hinein bestand) die vermeintliche Tugend einer überlegenen Lebensform. Kommune war aber nicht gleich Kommune. Von der bloßen »Addition« von Paaren und Kernfamilien bis zum Eheverbot als Voraussetzung wahrer Gemeinschaftlichkeit diente sie als identisches Etikett für sehr verschiedene Inhalte. Gemeinsam war den Spielarten nur, dass sie zumeist schlecht funktionierten und nur in nostalgischer Verklärung jene harmonische Solidarität hervorbrachten, die ihr der Sozialismus als Überwindung »kapitalistischer« Besitzkonkurrenz zuschrieb.

Als weitere, vom bolschewistischen Regime massiv geförderte Bewegung sei der Kampf gegen Kirche und Religion genannt. Der Keulenschlag des Dekrets vom Januar 1918 traf die soeben noch mächtige Orthodoxie ins Mark. Über die »liberale« Trennung vom Staat hinaus wurde sie von heute auf morgen zu einem religiösen Privatverein degradiert, dem es verboten war, Eigentum zu besitzen und Mitgliedsbeiträge zu erheben. Als sie sich wehrte, lieferte sie dem Regime einen willkommenen Vorwand, dem Gesetz Taten folgen zu lassen. Die meisten der zahlreichen Gotteshäuser wurden konfisziert und anderen Zwecken zugeführt. Nicht selten gab man dieser »Konversion« eine »didaktische« Note: Was vorher vermeintlich nutzlos war, sollte einen augenfälligen gesellschaftlichen Wert erhalten. Aus der Kirche des erzbischöflichen Palais in Kazan' machte man eine Tischlerwerkstatt; Kapellen wurden zu Ausstellungsräumen oder Schulen. Auch die Attribute des neuen Zwecks vergaß man nicht: In der Kuppel einer Petrograder Kirche musste die Darstellung des Heiligen Geistes einem Emblem der Kommunistischen Jugendinternationale weichen. Eine Religion verdrängte die andere.

Für eine ideologische Feindschaft und keine »bloß« pragmatische Gegnerschaft spricht auch der Umstand, dass die neuen Machthaber dem ideellen Kampf von Anfang an große Aufmerksamkeit widmeten. Klügere Gottesleugner erkannten, dass Kirchenschließungen den Glauben nicht ausrotteten. Sie versuchten, das Übel bei der Wurzel zu fassen und erkannten es, von transzendenten Versprechungen abgesehen, in den Zeremonien und Festen. Das Außergewöhnliche binde den einfachen Menschen an die Kirche und Religion. Um dies zu ändern, meinten sarkastische Eiferer, die Hohlheit der Rituale durch Spott entlarven zu können. Satirische und parodistische Neigungen erhielten dabei ebenso freien Lauf wie blasphemische Gelüste. Man veranstaltete »rote Messen«, in denen lächerliche Popen die Liturgie verhöhnten und sich kanonische Gesänge mit obszönen Gassenhauern mischten. »Prozessionen« führten groteske Gottesmasken mit sich. Revolutionäre Literaten verfassten »Mysterien« »von der Geburt des Komsomol (des Gottlosen)« oder der »nicht unbefleckten Empfängnis«. Wissenschaftler stellten Ratten und Mäuse aus, die in Ventilatoren geraten und durch den Luftstrom konserviert worden waren, um Reliquienkult und Wunderglauben zu »entlarven«. In ihrem simplen Materialismus wollten die Bolschewiki die restlose Gültigkeit rationaler Erklärungen demonstrieren und die

Welt auf überprüfbare Kausalzusammenhänge reduzieren. So gesehen kam im militanten Atheismus auch ein kurzschlüssiger Vernunftkult zum Vorschein.

Als Beispiel schließlich für die Propagierung von Ideen, die zwar einem politischen Hauptziel dienten, aber mit der antikapitalistischen Ideologie kaum vereinbar waren, sei der Maschinenkult genannt. Schon unter Lenin wurde der »Aufbau des Sozialismus« einer industriellen Aufholjagd immer ähnlicher. Zugleich öffneten sich Theorie und Propaganda für alle Konzepte, die sie zu beschleunigen versprachen. Zu ihren Enthusiasten gehörten dabei bekannte Aktivisten des *Proletkul't*. Darin muss man nicht unbedingt einen Widerspruch sehen. In ihren Ideen mischten sich Modernismus und Sozialismus auf unentwirrbare Weise (**Zwischen Modernisierung und Ideologie**). Mo- →S.109 dern aber waren nicht nur Futurismus, Konstruktivismus und abstrakte Kunst, sondern auch das geölte Räderwerk ausgeklügelter Maschinen und die präzisen Abläufe eines effizienten Arbeits- und Produktionsprozesses. Die Maschine wurde zum Symbol der idealen Gesellschaft, zum Inbegriff perfekter Funktion und reibungsloser Synergie. Als sich selbststeuernder Roboter gehörte sie sogar ins Reich futuristischer Träume von einer Welt, die dem Menschen die Mühsal der Arbeit abnahm. Mit diesem Sinngehalt verband sie sich mit der Vision vom Paradies und jener kommunistischen Überflussgesellschaft, in der jedem nach seinem »Bedürfnis« und nicht mehr nur nach seiner »Leistung« gegeben werden sollte.

So wurden die letzten Errungenschaften der Automatisierung zum Vehikel der sozialistischen Zukunft. Ausgerechnet Henry Ford, Autokönig der Welt und Verkörperung des Großkapitalisten schlechthin, und sein Chefingenieur Frederick W. Taylor, der die Zerlegung der Arbeit in exakt gemessene Handgriffe am Fließband erfand, avancierten zu Vorbildern der sozialistischen Wirtschaftsorganisation. Sie fanden gerade in der *Proletkul't*-Bewegung, die zu den »antiautoritären« Strömungen gehörte, begeisterte Anhänger. Aus ihren Reihen stammte der Gründer einer Organisation, die sich den Namen »Wissenschaftliche Arbeitsorganisation« (*NOT*) gab und die Verbreitung entsprechender Ideen zu ihrer Aufgabe erklärte. Der Sozialismus, der alle Ausbeutung beseitigen wollte, übernahm die raffiniertesten Methoden zur Effektivierung der Produktion. In einem »Zentralinstitut für Arbeit« richtete er sogar eine eigene Forschungsstelle ein, die Taylors Labor noch übertreffen sollte. Und eine »Zeitliga«, ebenfalls von Enthusiasten einer maschinisierten Welt ersonnen, sollte helfen, auch Alltag und Freizeit zu optimieren.

Indes ging die Gleichung: Kommunismus = Taylorismus plus Sowjetmacht zum Leidwesen der Betroffenen ebenso wenig auf wie die bekannte Leninsche Formel vom Kommunismus als Elektrifizierung plus Sowjetmacht. Der Zauberstab des »Klassenstandpunkts« wirkte nicht. Was im Kapitalismus von Übel war, verwandelte sich im Rätestaat nicht in den Segen besonders schneller Produktivitätsfortschritte. Stattdessen blieb alles beim Alten und eilte die Ideologie der Realität davon. Was nach Jahrzehnten auch Parteidiktatur und Propagandamonopol nicht mehr zu neutralisieren vermochten und der Sowjetunion schließlich (unter anderem) den Garaus machte: die unüberbrückbare Kluft zwischen Anspruch und Realität trat von Anfang an zutage. Die kulturelle Dimension der revolutionären Umwälzung in den Jahren 1917–21 verdient schon deshalb größere Beachtung als bisher, weil sie auf diesen Geburtsfehler der Gesamtordnung verweist.

VERTIEFUNGEN

Sowjet, Räteverfassung

Als die Bolschewiki in der Frühe des 6. Januar 1918 die Konstituierende Versammlung auflösten, ging die kurze Geschichte des Parlamentarismus im vorsowjetischen Russland endgültig zu Ende. Stattdessen brachten die Sieger die erste Räteverfassung der Welt auf den Weg, deren endgültiger Text vom fünften Allrussischen Sowjetkongress am 10. Juli 1918 verabschiedet wurde. Nach der Rückeroberung beinahe des gesamten Territoriums des ehemaligen Zarenreichs (mit Ausnahme von Polen, Finnland und Bessarabien) und der Fusion der hier begründeten Sowjetrepubliken zur Sowjetunion Ende 1922 passte man die Struktur der Entscheidungsorgane und die Kompetenzverteilung zwischen ihnen zwar an; ansonsten aber ließ die neue Verfassung vom 31. Januar 1924 alles beim Alten. Und auch die Verfassungen von 1936 und 1977 – der letzten vor der *Perestrojka* – änderten die politische Ordnung nicht wesentlich. Es blieb beim Anspruch, das Parlament als Vertretung der wahlberechtigten Staatsbürger und Inhaber »ihrer« Souveränität durch eine vermeintlich überlegene Institution und eine darauf gegründete Staatsstruktur zu ersetzen.

Dabei konnten die neuen Machthaber auf ein Vorbild aus der russischen Geschichte zurückgreifen. Denn der *sovet* hatte zwar viel Ähnlichkeit mit der Pariser *Commune* von 1870, die Lenin im Sommer 1917 dem ersten bolschewistischen Traktat über die Struktur des künftigen Staates (»Staat und Revolution«) zugrunde gelegt hatte. Aber als eigentliches Modell dessen, was in den Februartagen entstand, diente der Petrograder Arbeiterrat vom Herbst 1905. Dessen Abstammung wiederum ergibt sich aus den Ereignissen dieses ersten Jahres der ersten Russischen Revolution. In den wochenlangen

Arbeiterstreiks, die den Schüssen auf friedliche Demonstranten vor dem Winterpalast am 9. Januar gefolgt waren, hatten sich vielerorts Streikräte als Koordinierungszentren gebildet. Besondere Ausstrahlung ging von einem solchen Gremium in Ivanovo-Voznesensk, dem Hauptort der russischen Textilindustrie, aus, wo der Aufstand besonders lange dauerte. Von hier sprang der Funke nicht nur in das nahe gelegene Moskau über, sondern auch in die Hauptstadt selbst. In St. Petersburg fiel den Menschewiki dabei eine Schlüsselrolle zu; aber auch linksliberale Aktivisten freiberuflicher Verbände (Rechtsanwälte, Apotheker, Ärzte, Professoren) beteiligten sich. Als praktische Umsetzung der »revolutionären Selbstverwaltung« bildete der St. Petersburger Sowjet sechs Wochen lang eine Art Revolutionsregierung. Mit seiner Auflösung durch zarische Truppen am 4. Dezember 1905 begann der Anfang vom Ende der Erhebung. Idee und Erfahrung der Räte aber gingen nicht verloren.

Es lag daher nahe, dass sie in den letzten Februartagen 1917, als der Protest abermals zur Revolution anschwoll, wieder auflebten. Charakter und Funktion des Gremiums blieben dabei zunächst unverändert. Der Sowjet sollte eine Art »Direktorium« des Arbeiteraufstands sein, das seine Wurzeln als Streikkomitee nicht verleugnete. Gewählt wurde in den Betrieben; die Delegierten gehörten der Arbeiterschaft oder denjenigen revolutionären Parteien an, die sich zu Fürsprechern der Arbeiterschaft erklärten. Das Wahlrecht war an den Status eines »Werktätigen« gebunden; Unternehmer und leitende Angestellte, wo immer die Grenze zu ziehen war, blieben ausgeschlossen. Im Vergleich zu 1905 darf man davon ausgehen, dass die Rolle der Parteien von Anfang an sehr viel größer war. Die Menschewiki ergriffen nicht nur die Initiative, sondern gaben im Sowjet, bald gemeinsam mit den Sozialrevolutionären, auch den Ton an. Hinzu kam als weiterer Unterschied die Aufnahme von Soldatendeputierten. Mit dieser Erweiterung wurde der »Arbeiter- und Soldatenrat« endgültig zu einem repräsentativen Führungsgremium der sozialen Revolution.

Umso größere symbolische Bedeutung kam dem ersten regulär gewählten Kongress von Delegierten aller örtlichen Sowjets zu, der am 3. Juni 1917 in Petrograd zusammentrat. Insgesamt reisten 1090 Teilnehmer an, die 305 Sowjets und ca. 20 Mio. Urwähler repräsentierten. Über volles Stimmrecht verfügten 822 Abgeordnete. Davon bekannten sich 285 zur PSR, 248 zu den Menschewiki und 105 zu den Bolschewiki. In dieser Gestalt verdiente der Kongress zwar sicher nicht das Adjektiv »demokratisch«, da er unter Ausschluss der Besitzenden und derer gewählt wurde, die als ihre Verbündeten galten. Bei den tatsächlich demokratischen Wahlen zur Konstituierenden Versammlung einige Monate später gaben etwa doppelt so viele Berechtigte (41,7 Mio.) ihre Stimme ab. Dennoch konnte der erste Allrussische Sowjetkongress beanspruchen, ein legitimes Forum der »revolutionären Demokratie« zu sein und die große Mehrheit der Sympathisanten einer sozialen und keiner nur politischen Umwälzung zu vertreten.

Die Transformation des Sowjetgedankens von einer Streikleitung zum »Revolutionsparlament« zog auch die Ausweitung auf die Bauern nach sich. Dazu gab schon der Umstand Anlass, dass sie die große Mehrheit der Bevölkerung bildeten und ihre Unterstützung für jeden Umsturz unentbehrlich war. Andererseits kam es nicht von ungefähr, dass die Bauernbewegung in der ersten Revolution 1905 keine Sowjets hervorgebracht hatte und die Räteidee auch nach dem Februarumsturz auf dem Dorf nur zögerlich Fuß fasste. Das hatte zum einen mit der unvermindert tiefen Kluft zwischen Stadt und Land zu tun. Zum anderen gab es schon eine Institution, die das dörfliche Zusammenleben seit Menschengedenken regelte: die *obščina*. In der Konkurrenz mit ihr hatten die Räte keine Chance.

Ein Betätigungsfeld öffnete sich ihnen zunächst nur auf den höheren Ebenen. Aber auch hier bedurfte es der Anregung durch die städtischen Arbeiter- und Soldatenräte, auf deren Initiative am 18. März in Moskau die erste bäuerliche Deputiertenversammlung stattfand.

Bis zum Mai entstanden 20 Räte, bezeichnenderweise in den Gouvernementsstädten, nicht auf dem Lande. Ihr erster Allrussischer Kongress (4.–28. Mai) war deshalb in geringerem Maße als der Allrussische Kongress der Arbeiter- und Soldatenräte die Spitze einer bestehenden Pyramide. Seine Teilnehmer leiteten ihr Mandat nicht von den jeweils untergeordneten Sowjets ab, sondern wurden von allen volljährigen Bauern in einem zweistufigen Verfahren gewählt. Erst dieser Kongress gab der Gründung von Räten in den *volosti* und Dörfern den entscheidenden Impuls. Die Bauernsowjets entstanden von oben nach unten, nicht umgekehrt. Zu keiner Zeit vermochten sie ihre mangelnde Verwurzelung zu überwinden.

Der Oktoberumsturz veränderte den Charakter der Räte grundlegend. Zum einen ging der begrenzte Pluralismus zu Ende, der in der Selbstbezeichnung »revolutionäre Demokratie« zum Ausdruck kam. Die Sowjets verstanden sich zwar entschieden parteilich als Interessenvertretung der ausgebeuteten Klassen; dies schloss Repräsentanten der »bürgerlichen« Schichten und des politischen Liberalismus aus. Aber sie ließen Raum für unterschiedliche Auffassungen über die geeignetsten Mittel und Wege, um das Los der Unterdrückten zu verbessern. Die Bolschewiki und ihre linkssozialrevolutionären Bundesgenossen wollten diese Toleranz nicht länger akzeptieren. Ihre Delegierten im zweiten Allrussischen Kongress der Arbeiter- und Soldatendeputiertenräte wählten noch am Abend des 25. Oktober ein neues Exekutivkomitee aus den eigenen Reihen. Obwohl mit Kamenev ein Befürworter einer sozialistischen Allparteienkoalition an seiner Spitze stand, war die Gleichschaltung damit faktisch bereits vollzogen. Der oberste Sowjet wurde zum Instrument der Bolschewiki.

Zum anderen bauten ihn die neuen Machthaber nun systematisch zu einem alternativen Repräsentationsorgan der »Vollbürger« in ihrer Definition aus. Ein erster Schritt bestand in der Einverleibung des Allrussischen Bauernsowjets, die der dritte Allrussische Kongress der Arbeiter- und Soldatendeputierten in der zweiten Januarwoche 1918 förmlich vollzog. Damit wurde *ein* zentrales Gremium geschaffen, das als Gegenmodell zum »bürgerlichen« Parlament fungieren konnte und auf die Provinz übertragbar war. Der zweite Schritt bestand in der Ausarbeitung einer förmlichen Verfassung, die eine solche Hierarchie von Räten auf vier Ebenen: in den ländlichen Amtsbezirken (*volosti*), den Kreisen (*uezdy*), den Gouvernements (*gubernii*) und Großregionen (*oblasti*), etablierte und die jeweiligen Kompetenzen regelte. Dieses Dokument, mit dem die *Russische Sozialistische Föderative Sowjetrepublik* (*RSFSR*) offiziell in die Staatenwelt eintrat, fixierte auch die prinzipiellen Eigenarten der Räteordnung im Unterschied zur parlamentarischen Demokratie.

Zu nennen sind insbesondere: – die Beschränkung des Wahlrechts auf diejenigen, »die ihren Lebensunterhalt aus produktiver und gesellschaftlich nützlicher Arbeit« bestritten. Wer Lohnarbeiter beschäftigte oder von Renten und Wertpapieren lebte, war ausgeschlossen; Kaufleute und Priester entmündigte man per definitionem. – die Aufhebung der Trennung zwischen Exekutive und Legislative, wie sie Montesquieu (»Vom Geist der Gesetze«, 1748) erstmals gefordert hatte und seit der Französischen Revolution zur Grundlage der liberalen Demokratie geworden war. Da sich der »Arbeiter- und Bauernstaat« exklusiv als Instrument seiner Klientel verstand, büßte auch die Justiz ihre Unabhängigkeit ein. Die Sowjetverfassung hob damit die Gewaltenteilung insgesamt auf. – der Verzicht auf Direktwahl der höheren Räte und deren »pyramidale« Bestelung. Auf diese Weise war der Selektion der wichtigen Entscheidungsträger Tür und Tor geöffnet. Um sie zu konterkarieren, hätte es eines starken Pluralismus auch im Zentrum der Macht bedurft. Einen solchen aber vermochte Lenin auch am Ende des Bürgerkriegs (und darüber hinaus) zu verhindern.

Innerparteiliche Opposition

Zu den Unterschieden zwischen der Februarrevolution und dem Oktoberumsturz gehört auch das Ausmaß an Zustimmung und Ablehnung, das sie hervorriefen. Der Sturz der Autokratie fand bei überzeugten Monarchisten sicher keinen Beifall. Aber es verdient doch besondere Aufmerksamkeit, wie außerordentlich gering der Widerstand blieb. Nennenswerte Demonstrationen für den Zaren sind nicht bekannt. Ein Massenexodus des Adels fand nicht statt, und auch im Militär bildete sich keine ernsthafte Opposition.

Das Umgekehrte geschah nach dem Oktobercoup. Der Protest war groß, Gegenwehr formierte sich umgehend: politisch in den Parteien des Februarregimes, sozial in wochenlangen Streiks des öffentlichen Dienstes, militärisch in den Armeen des Südens. Denn diesmal wurde kein Regime gestürzt, das sich durch Reformunfähigkeit, blamable Niederlagen gegen den äußeren Feind und die Unfähigkeit, auch nur eine Minimalversorgung mit Lebensmitteln und Brennstoff sicherzustellen, in den Augen der Bevölkerungsmehrheit zutiefst diskrediert hatte. Vielmehr galt die Attacke einer Herrschaft, die zwar die meisten Erwartungen enttäuscht hatte, aber nach wie vor als Geschöpf des Massenaufstandes galt und daraus zwar bestrittene, aber mehrheitlich nach wie vor akzeptierte Legitimität bezog.

Daraus ist zu erklären, dass sich die Opposition zum Bürgerkrieg ausweitete. Dieser holte faktisch den Revolutionskrieg nach, der unmittelbar nach dem Umsturz ausblieb. Bemerkenswert dabei ist, dass dieser Kampf in seiner ersten Phase ausschließlich und auch insgesamt primär um den Oktober-, nicht um den Februarumsturz geführt wurde. Ersterer trieb einen tiefen Keil in die russische Gesellschaft und gab damit, als Folge der Polarisierung, auch jenen untergetauchten Kräften wieder Auftrieb, die das Februargeschehen ebenfalls rückgängig machen wollten. Zwischen diesen Fronten wurden die Liberalen sowie die moderaten Sozialrevolutionäre (einschließlich der »Zentristen« um Černov) und Menschewiki zerrieben. Darin bestand ihre zweite und eigentliche Niederlage.

Aber Widerstand regte sich nicht nur bei den Attackierten. Auch unter den Frondeuren selber erhoben sich kritische Stimmen. In den ersten Jahren wandten sie sich vor allem gegen zwei Entwicklungen, die als Kristallisationspunkte für ihre Vereinigung zu »Fraktionen« – wie der spätere Vorwurf lautete – dienten. Die Linken Kommunisten schlossen sich in den Februar- und Märztagen 1918, als über die Annahme der deutschen Friedensbedingungen gestritten wurde, den Linken Sozialrevolutionären an. Auch sie lehnten das Wehrmachtsdiktat ab, weil es die Seele der Revolution beschädige. In ihrem Verständnis bedeutete der Friede »alle Macht der Bourgeoisie, alles Land den Grundbesitzern, alle Werke und Fabriken den Kapitalisten« durch »Untergang und Tod« der Sowjetherrschaft. Dagegen half ihrer Meinung nach nur der gemeinsame Kampf des internationalen Proletariats. Wie die Linken Sozialrevolutionäre setzten sie der Leninschen Realpolitik einen revolutionären Purismus entgegen, der bereit war, zur Rettung des »unbefleckten« Prinzips den sicheren Untergang in Kauf zu nehmen.

Angesichts dessen lag es nahe, dass sich ihre Unzufriedenheit auch gegen andere Maßnahmen der eigenen Regierung richtete. Zum Stein des Anstoßes wurden alle Konzepte, die einen stark obrigkeitlichen Charakter trugen. Zu den »Kinderkrankheiten« des Kommunismus, wie Lenin spottete, gehörte nicht zuletzt ein wörtliches Verständnis der Grundabsicht einer marxistischen Revolution: die Fremdbestimmung abzuschaffen und den Arbeitern selber die Herrschaft zu übertragen. Die Linken Kommunisten beharrten auf Arbeiterkontrolle anstelle von »Staatskapitalismus« und zentraler Lenkung, die der Parteiführer propagierte, und setzten sich sowohl für die Mitwirkung der Fabrikräte als auch für die Unabhängigkeit des VSNCh ein. Damit warnten sie schon früh vor jener Verselbstständigung der Apparate, die zum Kennzeichen der inneren Organisation im Kriegskommunismus wurde.

Weil aber immer mehr außerordentliche Organe die regulären ersetzten, ging der Opposition die Nahrung nicht aus. Den »Linken Kommunisten« folgten 1919 die »Demokratischen Zentralisten«, denen zum Teil auch dieselben Personen angehörten. Um den Wirtschaftsfachmann N. Osinskij (Valerian Obolenskij) bildete sich eine Gruppe, die für mehr Mitbestimmung untergeordneter Räte an den wirtschaftlichen Entscheidungen eintrat. Sie verteidigte die Kollegialorgane gegen die »Einmannleitung« und die einsamen Beschlüsse der industriellen »Hauptkomitees«, die das partizipatorische Anliegen der Räteidee zum toten Buchstaben machten. Darin fochten sie an derselben Front wie die »Arbeiteropposition«, die 1920/21 gegen die Parteiführung aufbegehrte. Vermutlich ging von dieser Gruppe die größte Gefahr aus. Denn sie konnte auf Unterstützung aus den Reihen der Gewerkschaften rechnen, gegen deren Degradierung sie protestierte. In einem »Arbeiterstaat« musste diesen ihrer Meinung nach im Gegenteil eine besonders prominente Rolle zukommen. Nicht zufällig gehörte ihr Sprecher, Alexander Šljapnikov, zu den altgedienten Gewerkschaftsfunktionären der Bolschewiki. Eben weil diese Opposition mitten aus jener Klientel kam, die das neue Regime zu repräsentieren vorgab, dürfte die Kongruenz ihres Verbots mit der pauschalen Ächtung von »Fraktionsbildungen« auf alle Zeiten kein bloßer chronologischer Zufall sein: Der entsprechende Beschluss des zehnten Parteitags vom März 1921 lieferte Stalin bald ein willkommenes Instrument für den erfolgreichen Kampf gegen *jede* abweichende Meinung.

Die Existenz einer innerparteilichen Opposition ist nicht selten als Beleg für demokratische Tendenzen auch in der bolschewistischen Partei gewertet worden. Die Kritiker galten als »gute« Kommunisten, die der autoritären Entartung Einhalt zu gebieten suchten. Richtig an dieser Sicht ist der Hinweis darauf, dass diejenigen vor allem im letzten Bürgerkriegsjahr Auftrieb spürten, die in der mangelnden Kontrolle der Entscheidungsgremien eine Fehlentwicklung sahen. In diesem Sinne gab es eine Renaissance partizipatorischer Ideen. Demokratisch wird man das dahinter stehende Ideal aber kaum nennen können. Denn natürlich sollten die anderen Parteien, allen voran die Kadetten, ausgeschlossen bleiben. Aus demselben Grund ist auch der Begriff »freiheitlich« fehl am Platz. Über einen innerparteilichen Pluralismus – der nicht einmal ein innersozialistischer war – ging keine der Oppositionsgruppen hinaus. Insofern sollte man es zu ihrer Charakterisierung bei einem bekannten Buchtitel belassen: Sie verkörperten das »Gewissen« der bolschewistischen Revolution, keinen demokratischen Sozialismus und erst recht keine soziale Demokratie.

Köpfe der Revolution

Das Verhältnis zwischen Persönlichkeit und Geschichte ist im Zuge der »kulturalistischen Wende« der Geschichtswissenschaft wieder in die Diskussion geraten. Waren die »großen Individuen« in sozialgeschichtlicher Sicht weitgehend mit dem historischen Prozess verschmolzen worden, so gewannen sie ihre Prägekraft in dem Maße zurück, wie man den subjektiven Faktor wieder höher veranschlagte. Zwar wird kaum jemand einen rein biographischen Zugang favorisieren; aber ebenso liegt auf der Hand, dass z. B. der Oktoberumsturz ohne die zentralen Akteure so nicht stattgefunden hätte. Dagegen wird man im Februaraufstand keine vergleichbare Bedeutung von Personen finden. Der Sturz der Autokratie war und bleibt vor allem das Ergebnis einer Massenrevolte der »kleinen Leute« von Petrograd. Dieser Unterschied steht schon deshalb außer Frage, weil sich die führenden Revolutionäre noch in der Emigration oder in sibirischer Verbannung befanden und alle Parteien überrascht wurden.

Erst mit der Auflösung des Exils schlug die Stunde der bedeutenden Männer (und einiger Frauen). Wie in jeder Revolution gewannen dabei solche Akteure besonderen Einfluss, deren Talente sich in außergewöhnlichen Situationen entfalten. Säkulare Umwälzungen verlangen andere Fähigkeiten als die Routine einer akzeptierten politischen Ordnung. Da die Intervention von Massen in den politischen Prozess zu ihren prägenden Merkmalen gehört, eröffnen sich begeisterungsfähigen Rednern, willensstarken Strategen und fähigen Organisatoren ideale Wirkungsfelder. Revolutionen sind goldene Zeiten für Charismatiker – und rauhe Tage für solche Politiker, die sie herbeigesehnt haben, aber ihren besonderen Anforderungen nicht gewachsen sind. In der Russischen Revolution gab es beide Typen. Sie waren nicht identisch mit Siegern und Verlierern, aber die prominenten Beispiele schließen diese ein.

Am bekanntesten war natürlich Lenin (eigentlich Vladimir Il'ič Ul'janov), geistiger Urheber des Oktoberumsturzes und Gründer des neuen Staates. Lenin war für seine Partei alles. Er hatte sie ins Leben gerufen, ohne ihn fiel keine wichtige Entscheidung, nicht selten setzte er seine Meinung gegen Widerstand im Zentralkomitee durch, er war ihre populärste Persönlichkeit, ein wirkungsmächtiger (wenn auch kein eloquenter) Massenredner, ohne ihn waren die Bolschewiki kopflos. Auch nach dem Putsch wird man ihn schwerlich als Diktator im üblichen Sinn bezeichnen können. Lenin übte keine personale Herrschaft, gestützt auf Elitetruppen oder eine nur ihm ergebene Gefolgschaft, aus. Seine Herrschaft gründete sich primär auf Autorität, erworben durch rastlosen Einsatz, Intelligenz, politisches Gespür und vor allem durch einen fanatischen Glauben an die Richtigkeit seiner Sache, verbunden mit unbeugsamer Entschlossenheit, sie durchzusetzen. Lenin war kein Intrigant wie Stalin, nicht eigentlich brutal, auch wenn er gnadenlos gegen alles vorging, was er für falsch hielt; er war einfach unersetzbar – in seiner Partei und erst recht im neuen Staat.

In diese Rolle wuchs Lenin von Anfang an hinein. 1870 in Simbirsk (Ul'janovsk) geboren, gehörte er zu den ersten Vertretern einer Generation, die den liberalen Ideen der *zemstvo*-Bewegung abschwor und die soziale Revolution auf ihr Banner schrieb. Er tat dies im Rahmen der Modetheorie der neuen Zeit: der marxistischen Geschichts- und Revolutionsdeutung, wie sie seit den achtziger Jahren nach Russland vordrang. Mit Gleichgesinnten, darunter seinem baldigen innerparteilichen Hauptkonkurrenten Martov, gründete er 1895 den St. Petersburger »Kampfbund für die Befreiung der Arbeiterklasse«, der zur Keimzelle der Russischen Sozialdemokratie wurde. Aus sibirischer Verbannung an der Lena (die ihm seinen *nom de guerre* gab) zurückgekehrt, war er bereits auf deren zweitem Parteitag 1903 die treibende Kraft hinter der Spaltung in Menschewiki (Minderheitler) und Bolschewiki (Mehrheitler). Äußerlich ging es um die statutarische Regelung der Anforderungen für die Mitgliedschaft. Sachlich stand die Grundsatzfrage zur Diskussion, welcher Art die Partei sein sollte – prinzipiell offen für »bloße« Sympathisanten oder eine Kaderorganisation militanter Kämpfer.

Wie bekannt, favorisierte Lenin die zweite Option (»Was tun?«, 1902). Faktisch gab es fortan zwei sozialdemokratische Parteien, deren eine Lenins Kreatur und Ziehkind war. Dieser Fraktion, und nur ihr, verschrieb er auch drei weitere taktisch-theoretische Maximen, die den Boden für ihre Strategie und Aktivitäten im Jahre 1917 und im Bürgerkrieg bereiteten: 1. Seine Lehre aus der ersten Russischen Revolution von 1905 lässt sich in der einen Kerneinsicht zusammenfassen: dass der Sturz der Autokratie nicht ohne Hilfe der Bauernschaft zu bewerkstelligen sei. Die russische Sozialdemokratie hatte »zwei Taktiken« zu verfolgen – den Arbeitern über bloß »ökonomische« Ziele hinaus die Notwendigkeit politischer Forderungen zu vermitteln und die enorme Stoßkraft des bäuerlichen Landhungers zu nutzen. 2. Zur jederzeitigen Einlösung der »Aktualität der Revolution« (so Georg Lukács 1924) schüttelte Lenin die Fesseln ab, die aus der orthodox-marxistischen – und von den Menschewiki bis zuletzt beibehaltenen – Prämisse erwuchsen, angesichts der »feudalistischen« Natur der Autokratie müsse die bevorstehende Revolution eine »bürgerliche« sein, mithin nach französischem Vorbild von 1789 Demokratie und »Kapitalismus« bringen. Dies gelang ihm durch (uneingestandene) Anleihen bei Trotzkis »Theorie der permanenten Revolution«. Denn das Unerhörte der »Aprilthesen« bestand eben darin, dass er die »bürgerliche« Phase der Umwälzung verkürzte, sie durch die bloße Installation der liberalen Provisorischen Regierung für vollzogen erklärte und die »sozialistische« Etappe der Räteherrschaft ausrief. 3. Lenin nutzte die internationale marxistische Diskussion über den Nationalismus, um Handlungsfreiheit auch in dieser Frage zu gewinnen. Denn der taktisch-strategische Kern seiner Imperialismustheorie bestand in einer kleinen, aber außerordentlich folgenreichen Differenzierung. Lenin erinnerte daran, dass nationale Befreiungsbewegungen laut (orthodox-) marxistischem Credo in der »bürgerlichen« Phase der Revolution legitim waren; dagegen kenne der Sozialismus keine Grenzen. Damit rechtfertigte er Bündnisse mit den zahlreichen nationalistischen Strömungen im zarischen »Völkergefängnis«. Die Bolschewiki nutzten diese »Lizenz« weidlich und hatten danach einen willkommenen theoretischen »Grund«, gegen nationalstaatliche »Engstirnigkeit« vorzugehen.

Lenins wahrhaft fundamentale Rolle aber lässt sich erst ermessen, wenn man zusätzlich Wirken und Wirkung seiner Person in den Blick nimmt. Seine herausragende Begabung war zweifellos politischer Natur. Er verfügte über einen ausgeprägten Realitätssinn und nüchterne Urteilskraft, vor allem aber über die Fähigkeit, seine Einsichten in einfache taktisch-strategische Formeln zu gießen und sie gegen alle Einwände durchzusetzen. Dabei scheute er weder vor Anleihen bei Positionen zurück, die er eben noch bekämpft hatte, noch vor unerbittlicher Härte, noch gar vor Kompromissen und Pausen auf dem Weg zum anvisierten Endziel. Ohne Lenin sind weder die Parteispaltung noch die spezifisch bolschewistische Revolutionstheorie und –strategie, noch auch der Oktoberumsturz, die Machtbehauptung danach und die Kehrtwende zur NEP als Voraussetzung für den friedlichen Aufbau des neuen Staates vorstellbar. Man wird wenig Beispiele für eine derartige Unentbehrlichkeit der Person über lange Jahrzehnte finden – Luther vielleicht oder Hitler oder Stalin. Individuum und Geschichte waren hier nicht voneinander zu trennen.

Was Lenin am ehesten fehlte, besaß Trotzki: geschliffene Rhetorik und demagogische Eloquenz. Jünger als Lenin (geb. 1879), gehörte er zu jener Generation des radikalen Widerstandes, die ganz und gar in der Enttäuschung über das Scheitern des Terrors der *Narodnaja Volja* aufwuchs. Die »Achtziger« erfuhren hautnah, dass das Attentat auf Alexander II. im März 1881 nicht den erhofften Volksaufstand auslöste, sondern nur Alexander III. auf den Thron und das definitive Ende liberaler Reformen brachte. Wie Lenin und viele andere zog Trotzki daraus den Schluss, dass eine neue Revolutionstheorie nötig sei – die marxistische, die dank ihrer paradoxen Forderung, die kapitalistisch-bürgerliche Umgestaltung Russlands fortzusetzen, um sie zu überwinden, eine erhebliche Attraktivität auf die oppositionelle Intelligenz der 1890er Jahre ausübte. Nach der Spaltung der Sozialdemokratie schloss sich Trotzki den Menschewiki an und bestand im Herbst 1905 seine revolutionspraktische Feuerprobe, als er zum Vorsitzenden des St. Petersburger Arbeitersowjets gewählt wurde.

Zugleich begründete er in diesen Jahren seinen Ruhm als Theoretiker. Innovativer als Lenin (und brillanter als Autor) schlug er eine Lösung für das Kernproblem des russischen Marxismus vor, die zeit seines Lebens mit ihm verbunden wurde. Auf die Frage nämlich, wie eine sozialistische Revolution in einem rückständigen Agrarland möglich sei, gab er die Antwort, dass die Umwälzung in einem solchen Fall nicht bei der Nachholung »bürgerlicher« Errungenschaften stehen bleiben dürfe, sondern in »permanenter Revolution« *unmittelbar* zum Aufbau des Sozialismus voranschreiten müsse. Obwohl er damit das orthodoxe menschewistische Etappenmodell hinter sich ließ, betrachtete sich Trotzki weiterhin als Parteigänger der »Minderheit«. Erst bei Weltkriegsbeginn schloss er sich einer Zwischengruppe an. Von hier aus war der Weg zum Übertritt zu den Bolschewiki nicht weit. Nicht nur die gemeinsame Opposition gegen den Krieg ebnete ihn, sondern auch Lenins Kehrtwende vom April: lief diese doch auf denselben taktischen Kurs hinaus wie Trotzkis eigene Überlegungen.

Im Kampf gegen die Provisorische Regierung ergänzten die beiden prominentesten Bolschewiki einander daher nahtlos. Trotzki war auch der beste Ersatz, als er nach dem Kornilov-Putsch freigelassen wurde, während Lenin weiterhin aus seinem Versteck operieren musste. Sicher bot sich Trotzki in diesen Wochen die größte Chance, sein Talent zu beweisen. Er nutzte sie und schrieb zum ersten Mal Weltgeschichte. In mancher Hinsicht war Trotzki »ideologischer« als Lenin; zumindest fehlte ihm dessen pragmatischer Realitätssinn. Mit Lenin lehnt er nach dem Umsturz eine Koalition aller Sowjetparteien ab. Aber anders als Lenin weigerte er sich, das Diktat der deutschen Generäle zu akzeptieren. Seine bekannte Formel »weder Krieg noch Frieden« bestätigte zwar sein wortschöpferisches Talent, wies aber keinen gangbaren Weg.

Anders als die Linken Sozialrevolutonäre nahm Trotzki den Friedensschluss aber hin. Er blieb an der Seite Lenins und konnte, darauf gestützt, seine zweite Großtat vollbringen: den Sieg im Bürgerkrieg, der nicht zuletzt ihm zu verdanken war. Trotzki demonstrierte in diesem Entscheidungskampf über seine rethorische und journalistisch-literarische Begabung hinaus weitere überlebenswichtige Fähigkeiten: physische Leistungskraft und allgegenwärtige Präsenz, organisatorisches Talent – und eine Härte auch gegenüber den eigenen Kämpfern, die alle humanitäre Maßstäbe leugnete. Dies sollte jede spätere, auf seine Opposition gegen Stalin gegründete Idealisierung bedenken. Trotzki war mit allen Fasern seiner Person ein radikaler Revolutionär, dem jedes Mittel recht war, um die Sache voranzutreiben, deren Sieg ihm seine Weltanschauung verbürgte. Darin stand er Lenin in nichts nach. Auch deshalb waren beide, jeder auf seine Weise, für die Entstehung und die Behauptung der Sowjetmacht unentbehrlich.

Aber auch auf der anderen Seite der antizarischen Opposition waren Personen wichtig. Sie erreichten die Ziele, die ihr Leben waren, nicht. Dieses Ende hat immer wieder die umgekehrte Frage aufgeworfen, in welchem Maße sie selbst dazu beitrugen. Unter den Sozialrevolutionären ragte Viktor Černov heraus. 1873 geboren gehörte er zu den frühen Vertretern der revolutionären Generation. Wie sein Gegenspieler Lenin erhielt er seine politische Prägung in den späten achtziger Jahren. Wie dieser gehörte er zu den Gründungsmitgliedern »seiner«, der Sozialrevolutionären Partei. Und wie dieser prägte er deren Diskussionen von den ersten Äußerungen an. Er focht in den theoretischen Debatten mit den Sozialdemokraten an vorderster Front. Er formulierte das Parteiprogramm, hielt die Leitreferate auf dem ersten Parteitag Ende 1905 und wurde zum populärsten Politiker der PSR. Soweit Revolutionäre überhaupt bekannt waren, stand Černov für die Hauptforderung seiner Partei, die »Sozialisierung des Landes«.

Die Entlarvung ihres obersten Terroristen als Polizeispion und der Erste Weltkrieg spalteten auch die PSR tief. Černov hielt sich dabei in der linken Mitte, die gegen eine »kryptoliberale« friedliche Opposition und internationalistisch war, aber beides nicht militant. Zugleich blieb er die bekannteste Figur seiner Partei. Aus beiden Gründen war er im Mai 1917, beim Eintritt in die Provisorische Regierung, der geborene Kandidat für *das* Schlüsselressort nicht nur aus Sicht seiner Partei – das Amt eines Agrarministers. Wie erwähnt, scheiterte Černov an der gewaltigen Aufgabe, eine Bodenreform auf den Weg zu bringen, die den bäuerlichen Landhunger nicht enttäuschte, aber der Konstituierenden Versammlung dennoch nicht vorgriff. Als er aufgab, kapitulierte er nicht nur vor den Liberalen, sondern auch vor der Nagelprobe aller Politik: dass sie durchgesetzt werden muss.

Denn dies unterschied Černov etwa von Lenin, dass er ein Mann der Feder und kein hartgesottener Politiker war. Sein theoretisches Talent war beträchtlich. Schon als junger Mann gehörte er zu den Hoffnungen der sog. »populistischen« Philosophie. Er konnte den prominenten marxistischen und liberalen Autoren das Wasser reichen und hatte nicht wenigen manches an innovativem analytischem Vermögen voraus. Aber das politische Tagesgeschäft, Bündnispartner zu finden und Interessenkoalitionen zu schmieden, war seine Sache nicht. Černov besaß großes rhetorisches Talent, aber er war kein Massenredner. Er vermochte programmatisch-theoretische Positionen aus dem Stegreif zu explizieren, aber die griffige Vereinfachung und das ansteckende Pathos eines Demagogen waren ihm fremd. Černov verstand zu lavieren, fand immer eine Mittelposition und war auch in der Lage, diese überzeugend zu begründen. Aber andere zu bewegen oder zu zwingen, seinem Kurs zu folgen, das gelang ihm zumindest nicht in hinreichendem Maße.

Man hat gelegentlich darüber spekuliert, ob die russische Revolution anders verlaufen wäre, wenn fähige Organisatoren und willensstarke Strategen, die es auch unter den führenden Sozialrevolutionären gab, nicht früh verstorben wären. Solche Überlegungen bleiben spekulativ. Aber sie warnen davor, für zwingend zu halten, was nur eine mögliche Entwicklung war. Auch darüber nachzudenken, hatte Černov viel Zeit. Er starb erst 1952 in New York.

Keine vergleichbare Bedeutung für die revolutionäre Bewegung besaß Alexander Kerenskij, der 1917 dennoch zu einer Schlüsselfigur emporstieg. Er spielte weder vor- noch nachher eine nennenswerte Rolle. Sein Stern ging im März auf, als er Justizminister wurde, und erlosch mit seiner Flucht in der Oktobernacht. Er war so ausschließlich ein Produkt der Revolution wie niemand sonst.

Kerenskij (geb. 1881) schloss sich 1905 der PSR an, wurde aber bald verhaftet. Nach kurzer Verbannung ließ er sich 1906 als Rechtsanwalt nieder und machte sich in politischen Prozessen einen Namen. 1912 zog er für die *Trudoviki* – die der PSR nahe standen, aber legal operierten – in die Staatsduma ein. Während er in deren Annalen keine tieferen Spuren hinterließ, konnte er sein hervorstechendes Talent nach dem Februarumsturz unter den neuen Bedingungen der freien Agitation und als erster Justizminister des postzarischen Rechtsstaats ungehindert entfalten. Kerenskij war der geborene Volksredner und Demagoge. Er brauchte Straßen, Plätze oder Festsäle als Bühne und eine politisierte Masse als Zuhörer. Er redete sich selbst in Begeisterung und vermochte andere zu begeistern. Er war ein Schauspieler und Poseur, dessen gewiss nicht uneitle Autosuggestion mitreißend wirkte.

Zugleich war Kerenskij eines nicht: ein fähiger Stratege, Theoretiker oder Administrator. Niemand hat ihm nachgesagt, ein guter Minister oder Ministerpräsident gewesen zu sein. Weder bei den linken noch bei den rechten Anhängern des Februarregimes hat er – anders als Fürst L'vov – Anerkennung gefunden. Beide erhoben den Vorwurf mangelnder Substanz und sprachen ihm die Fähigkeit ab, Russland in einer so schweren Zeit zu führen. Wenn dies einigermaßen zutraf, hatten Lenin und Trotzki auch deshalb leichtes Spiel, weil ihnen der Gegner nicht gewachsen war. Kerenskij war wie Schaum auf der revolutionären Welle. Als sie abebbte, blieb nur ein blasser Rest zurück.

Aus ganz anderem Holz schließlich war Pavel Miljukov geschnitzt. Auch er und seine Liberalen sind in den letzten Jahrzehnten sehr kritisch gesehen worden, aber aus anderen Gründen. Nicht Mangel an klaren Standpunkten lautet der Vorwurf, sondern umgekehrt: so viel Kontur, dass die nötige Flexibilität verloren ging. Als wichtigster Vertreter dieser Haltung gilt ihr langjähriger Parteivorsitzender, der erster Außenminister der postzarischen Ära wurde.

Für Anhänger eines generationsgeschichtlichen Zugangs zum historischen Verständnis verkörpert Miljukov nachgerade den Prototypen der »Sechziger«. Im Jahrzehnt der »Großen Reformen« geboren (1864), wuchs er in das liberale Milieu der Moskauer Intelligenz hinein. Miljukov machte sich zunächst als Historiker und Musterschüler des großen Ključevskij einen Namen, fand aber trotz einer brillanten Habilitationsschrift im restaurativen Klima der neunziger Jahre keine Anstellung und ging nach Bulgarien. Zu Beginn des neuen Jahrhunderts führte ihn eine Vortragsreise durch die Vereinigten Staaten, deren politisches System und Gesellschaft ihn bleibend beeindruckten. Mit dieser Prägung lag es nahe, dass er sich in der liberalen Bewegung engagierte, als diese zunächst im Exil, 1904 auch in Russland Gestalt annahm. Seit dem ersten Parteitag der Kadetten Mitte Oktober 1905 trat er als Wortführer »linksdemokratischer« Positionen hervor.

Dank seiner rhetorischen und intellektuellen Brillanz war Miljukov bald mehr als nur *primus inter pares*. Er wurde nicht nur zur äußeren Erkennungsfigur seiner Partei; auch nach innen verlieh der langjährige Vorsitz in der kadettischen Dumafraktion seiner Stimme besonderes Gewicht. Zu Kriegsbeginn brachte er überdies ein (allzu) breites parlamentarisches Oppositionsbündnis zustande, als dessen Sprecher er ebenfalls hervortrat. Trotz wachsender Distanzierung von einstigen radikaldemokratischen Forderungen und der Übernahme nationalistischer außenpolitischer Positionen stand Miljukov weiterhin für einen demokratischen Umsturz und liberalen Staat. Dies schloss die Freiheit des Marktes und den Schutz von Eigentum mit der Konsequenz ein, Umverteilungsforderungen sowohl der Arbeiter als auch der Bauern abzulehnen.

Solche Positionen machten es den Liberalen im entscheidenden Halbjahr nach dem Sturz der Autokratie schwer, einen *modus vivendi* mit den aufständischen Massen und den revolutionären Parteien zu finden. Der Vertrauensvorschuss, den der Sowjet auch ihnen im Februar durch den Verzicht auf eine Regierungsbeteiligung gewährte, war schnell aufgebraucht. Miljukov hatte an dieser Entwicklung erheblichen Anteil. Mochte es noch so gute Gründe für seine Meinung geben, gerade das neue, demokratische Russland müsse an der Seite seiner demokratischen Alliierten bleiben – sie war angesichts der Kriegsmüdigkeit nicht nur der Petrograder Bevölkerung unklug. Und als Provokation musste es wirken, dass er den Verbündeten als »Erläuterung« zur Friedenserklärung des Sowjets telegraphisch versicherte, Russland werde seine Verpflichtungen einhalten. Dies zeugte zwar von Prinzipientreue und Courage, kostete ihn aber sein Amt und die Liberalen wichtigen Kredit. Ein solcher Preis war hoch.

Im Rückblick gesehen, war die Koalitionsregierung, die sich anschloss, nur einen Monat lang (im Mai) stabil. Danach reihte sich Krise an Krise, von denen beinahe jede die Frage nach einer Fortsetzung des Bündnisses aufwarf. Zwar hatten sich auch die Sozialrevolutionäre und Menschewiki weit von ihren radikalen Ursprüngen entfernt. Dennoch war der Abstand zu ihnen groß. Miljukov, der nun hinter den Kulissen agierte, hatte maßgeblichen Anteil an dieser konservativen Wende. Nicht nur Anfang Juli, als sich die Regierung mehrheitlich auf eine Agrarreform festlegte, gehörte er zu den Gegnern einer neuen Koalition. Auch danach blieb er bei seiner Kritik und machte aus seiner Meinung kein Hehl, dass der Platz der Kadetten in der Opposition sei. Wenngleich sich kompromissbereite Kräfte im ZK vorübergehend mit dem Argument durchsetzten, dass es angesichts der bolschewistischen Bedrohung keine Alternative zu einem Zusammengehen mit den moderaten Sozialisten gebe, blieb die »Vernunftehe« dank seiner tätigen Beihilfe höchst umstritten. Zu einer wirklichen Korrektur ihrer Positionen vermochten sich die Kadetten auch auf ihrem letzten Parteitag im September nicht durchzuringen. Mit Miljukov hielt die Mehrheit an ihrer Abneigung gegen die Revolution als einer irrationalen, von der Dynamik der Ereignisse, von Stimmungen und Demagogen gelenkten Intervention der Massen in den politischen Entscheidungsprozess fest.

Nationale Frage, Revolution und Bürgerkrieg

Nation und Nationalismus sind seit zwei Jahrzehnten auf die vordersten Plätze des historischen Interesses zurückgekehrt. In der historischen Russlandforschung kam der Effekt des Zusammenbruchs der Sowjetunion hinzu, gehörten die Unabhängigkeitsbewegungen doch zweifellos zu seinen entscheidenden Ursachen. Beide Motive haben Anlass gegeben, die Zeitenwende der Jahre 1917–20 nicht nur als politischen und sozialen Umbruch zu betrachten, sondern auch seine nationale Dimension wieder stärker zu berücksichtigen.

Die Parteien begannen das Schicksalsjahr 1917 mit recht unterschiedlichen Vorstellungen. Am wenigsten Kopfzerbrechen machten sich die Sozialrevolutionäre. Sie glaubten, das Problem der Staatsorganisation insgesamt mit der Zauberformel des Föderalismus lösen zu können. Den Nationen sollte dieselbe Selbständigkeit zustehen wie den Regionen. Allerdings zeigten schon die Debatten des Gründungsparteitags, dass es sich die PSR mit solchen Vorstellungen zu leicht machte. Bedenken wurden laut, die auf Gefahren für die Lebensfähigkeit eines amputierten Gesamtstaates hinwiesen. Die Partei blieb aber eine überzeugte Gegnerin eines jeglichen Zentralismus. Es war kein Zufall, dass ihr besonders viele nichtrussische revolutionäre Gruppen nahe standen.

Eben deshalb fiel ihre ambivalente Haltung im Revolutionsjahr besonders auf. Kaum trug sie Verantwortung, wurden ihr die Probleme ihrer Position in einem multiethnischen Staat bewusst. Als Vorkämpferin eines neuen Gemeinwesens wollte sie nicht zulassen, dass sich dieses Gemeinwesen auflöste, bevor es überhaupt regulär ins Leben treten konnte. Ihre führenden Politiker vertagten daher auch diese Entscheidung bis zur Konstituierenden Versammlung und versuchten, bis dahin den *status quo* einigermaßen zu sichern. Theoretisch sprach alles für diese Lösung. Nur offenbarte schon der ukrainische Konflikt, dass sich die nationalen Bewegungen nicht würden vertrösten lassen. Wie in der Agrarfrage galt, dass keine Entscheidung ebenfalls eine war – und zwar eine fatale.

Auch das Programm der Sozialdemokratie aus dem Jahre 1903 unterstrich das Selbstbestimmungsrecht der kleinen Völker. Aber dem Bekenntnis fehlte die Überzeugungskraft des engagierten Einsatzes. Die Nation war keine Kategorie marxistischer Klassenanalyse. Dem Sozialismus sollte sie ebenso fremd sein wie dem grenzüberschreitenden ökonomischen Prozess, der ihn hervorbrachte. Bis zum Vorabend des Weltkriegs galt daher die orthodoxe Überzeugung, dass der Proletarier kein Vaterland habe. Allerdings geriet diese Position im Zeitalter hochschlagender patriotischer Emotionen immer stärker unter Druck. Europa rüstete zum Endkampf der »Zivilisationen«. Im zarischen Vielvölkerreich waren nationale Befreiungsbewegungen herangewachsen, die zumeist auch die soziale Revolution auf ihre Fahnen schrieben. Sie drängten auf eine Revision, um *beide* Anliegen mit gleicher Legitimation verfolgen zu können.

Als nationalistischer Überschwang die Klassenbindung endgültig aufzulösen schien, sahen sich Menschewiki wie Bolschewiki veranlasst, ihr Verhältnis zur Nation zu klären. Erstere übernahmen 1912 ein höchst erfolgreiches Konzept der österreichischen Sozialdemokratie. In der Idee der »kulturellen Autonomie«, die den Minderheiten die Pflege der eigenen Sprache und Religion ohne territoriale Loslösung (die in Mischregionen auch sehr schwierig war) zugestand, glaubten sie ebenfalls, die nationalen Wünsche ihrer Klientel mit den eigenen sozialistischen Anliegen verbinden zu können. Weil die Menschewiki aber nie zu glühenden Anhängern des Föderalismus wurden, liegt der Verdacht nahe, es sei ihnen leichtgefallen, nach der Februarrevolution wieder von dieser Position abzurücken. Zwar bestätigte ihre dritte Parteikonferenz im Mai 1917 das Recht auf nationale Selbstbestimmung. Faktisch aber verfuhren sie wie ihre sozialrevolutionären Koalitionspartner: Sie spielten auf Zeit und verschoben die Entscheidung auf die Konstituierende Versammlung.

Leichter taten sich die Bolschewiki. Zwar wies Lenin die österreichischen Vorschläge zurück, weil sie von einem falschen, klassenneutralen Begriff der nationalen Kultur ausgingen. Demgegenüber hielt er daran fest, dass Nation eine Kategorie der »bürgerlichen« Gesellschaft sei. Aber er betonte auf neue Weise, dass ihr eben deshalb im gegebenen historischen Entwicklungsstadium ein legitimer Platz gebühre. Seinem Naturell entsprechend zögerte er nicht, daraus die radikalste Handlungsanweisung abzuleiten: das Selbstbestimmungsrecht als Lizenz zur territorialen Sezession zu deuten. Gewiss hatte Lenin dabei vor allem den taktisch-politischen Gewinn im Auge, nutzte er doch gleich die erste Parteikonferenz nach seiner Rückkehr im April 1917, um diese Auslegung für ganz Russland (und die Welt) hörbar zu bestätigen. In Revolution und Bürgerkrieg waren die Bolschewiki die einzige großrussische revolutionäre Partei, die den nationalen Unabhängigkeitskampf vorbehaltlos unterstützte.

Auch die Kadetten konnten der nationalen Frage nicht ausweichen. Ihre Glaubwürdigkeit verlangte, den Grundsatz der Demokratie und Selbstbestimmung auf die zahlreichen Minderheiten im Zarenreich zu übertragen. Im Programm von 1906 forderten sie bürgerliche Freiheiten für alle Untertanen ohne Ansehen ihrer Nationalität. Ausdrücklich unterstützten sie das Konzept der kulturellen Autonomie. Polen und Finnland wurden eigene Parlamente zugesagt. Bei alledem bewahrten die Kadetten aber von Anfang an eine ausgeprägte Skepsis gegenüber dem Föderalismus. Im Rückblick bedeutete es keine wirkliche Kehrtwende, dass sie nach 1907 gerade in der nationalen Frage zunehmend konservative Standpunkte bezogen. Im Revolutionsjahr bildete großrussisches Hegemonialdenken, verkleidet als Ideal der »Staatlichkeit", längst das Fundament eines ausgeprägten Zentralismus. Auf dem achten Parteitag im Mai hielt es der Referent des ZK sogar für richtig, die Selbständigkeit von Minderheiten mit balkanischen Zuständen zu vergleichen und abzulehnen. Von den Kadetten hatten die nationalen Bewegungen am wenigsten zu erwarten.

Angesichts solcher Positionen kann der Befund nicht überraschen, dass die nationalseparatistischen Bewegungen an der Peripherie des ethnisch-großrussischen Siedlungsraums zu den wichtigsten Gehilfen der Bolschewiki im Bürgerkrieg gehörten. Sie leisteten diese Unterstützung oft notgedrungen und in jedem Fall temporär. In der realistischen Einsicht, keine dritte Kraft zwischen »Weißen« und »Roten« bilden zu können, gingen sie Bündnisse ein. Dafür kamen nur die neuen Machthaber in Frage, die sich beeilten, den Völkern Asiens im Dezember ausdrücklich zu versichern, »für immer frei« zu sein. Auf der anderen Seite machten die weißen Generäle aus ihrer Reserve gegenüber solchen Bestrebungen kein Hehl. Gerade in dieser Frage erwies sich ihre imperiale Nostalgie als effektivste Hilfe für den Feind. Auf der anderen Seite ahnten die nationalen Führer nicht, dass sie sich neuen Großrussen ans Messer lieferten. Förmliche Verträge, die viele von ihnen aus Vorsicht schlossen, nützten nichts. Als der Krieg beendet war, galt nur noch das Recht des Stärkeren – und das lag bei den Eroberern.

Wenn es, über eine Vielzahl jeweils spezifischer Faktoren hinaus, eine verbindende Ursache für die Niederlage fast aller Nationalbewegungen gab, dann bestand sie im Siegeszug der Roten Armee. Die südliche und südöstliche Peripherie des untergegangenen Reiches wurde mit militärischer Gewalt zurückerobert. Bei der Wiedereingliederung in einen russisch beherrschten Zentralstaat, die fester und brutaler war als im Zarenreich, halfen zwei Systemmerkmale des neuen Regimes. Zum einen war Lenin klug genug, nationalen Bestrebungen durch formale Gleichberechtigung und die Gründung einer Union, begleitet von der Berufung einheimischer Politiker und der Zulassung einheimischer Sprachen, die Spitze zu nehmen. Wie immer man die sog. »Indigenisierung« bewertet, in dieser Hinsicht war sie erfolgreich. Zum anderen reservierte sich die Zentralgewalt die ausschließliche Kontrolle über die entscheidenden Machtorganisationen. Armee und Geheimpolizei unterstanden nur ihr und verfügten in ihren jeweiligen Zuständigkeiten über ein Monopol. Die Republiksorganisationen der Kommunistischen Partei genossen zwar eine gewisse Eigenständigkeit. Aber die Bewegungsfreiheit hatte enge Grenzen. Gerade das reichsweite Monopol der Kommunistischen Partei sicherte den Zusammenhalt des wiedererstandenen Imperiums. Schon in den 1920-er Jahren hat es – mit Ausnahme am ehesten von Partisanen in Mittelasien – keine nationalseparatistischen Bewegungen mehr gegeben, von denen eine ernsthafte Bedrohung ausgegangen wäre.

Zwischen Modernisierung und Ideologie

Es bleibt die Frage, wie die Russische Revolution in der Perspektive des 20. Jahrhunderts, das sie mit dem von ihr begründeten Regime tief geprägt hat, insgesamt zu verstehen ist. Über die Jahrzehnte haben – abgesehen von sowjetischer Glorifizierung – im Wesentlichen zwei Interpretationen miteinander gerungen. Die liberale Selbstdeutung hat die Geschehnisse zweigeteilt. Dem hoffnungsvollen Beginn der Provisorischen Regierung folgte die Entgleisung im Oktober. Die Schuld an dieser Katastrophe wies man weitgehend den Bolschewiki zu, die sich der Not der Massen skrupellos bedienten, um die Macht zu erobern und ihre ideologischen Ziele zu verfolgen. Im Großen und Ganzen hat diese Deutung bis zum Beginn der 1960er Jahre das Feld beherrscht. Dabei sah sie sich durch die Erfahrung des Stalinismus bestätigt und verschmolz mit dem Totalitarismus-Modell als Versuch, die beiden »großen« Diktaturen des 20. Jahrhunderts durch gemeinsame Merkmale zu beschreiben.

Dieses Bild der Revolution änderte sich unter dem Einfluss sozialgeschichtlicher Perspektiven. Deren Anhänger waren mit dem Hinweis auf den Machtwillen der Bolschewiki nicht zufrieden und wandten sich verstärkt der Frage zu, ob es nicht unbeschadet dessen Entwicklungen gab, die es den Gegnern leicht machten, die Provisorische Regierung zu stürzen. In der Tat förderte eine intensive Forschung zutage, dass die Stimmung der Arbeiter und Soldaten in Petrograd und Moskau seit dem Frühsommer umzuschlagen begann. Diese Radikalisierung bereitete den Boden für den »Roten Oktober«, sie trug Lenin und Trotzki ins Ziel. Und auch für den Sieg im Bürgerkrieg bot die Sozialgeschichte die zusätzliche Erklärung an, dass es trotz aller Gewalt auch prinzipielle Unterstützung gab: Die Bauern hätten ihre Angelegenheit zwar am liebsten ganz ohne Einmischung von außen geregelt, aber unter dem Zwang zur Wahl votierten sie lieber für die »Roten«, die ihnen das Land ließen, als für die »weißen« Kräfte von gestern.

Der Befund des Stimmungsumschwungs warf die Frage nach den Ursachen auf. Als Ergebnis ebenfalls zahlreicher Studien hat die Provisorische Regierung Federn lassen müssen. Deutlicher als zuvor trat zutage, dass es ihr nicht gelang, die tiefe Krise, die Krieg und Autokratie hinterließen, auch nur zu lindern. Stattdessen verlor sie an den drei entscheidenden Fronten, an denen die Bolschewiki Punkte machten: bei Brot, Land und Frieden.

Diese Deutung verband sich mit der Einbettung der Revolution als ganzer in den langfristigen Vorgang einer tiefgreifenden sozioökonomischen und kulturell-mentalen Modernisierung, die zumindest die Städte des Zarenreichs erfasste. In dieser Perspektive, die von 1860 oder zumindest 1890 bis 1930 reicht, markierte die Revolution zwar ebenfalls einen Bruch. Zugleich war sie aber auch nur eine Art von Gestaltwandel des Regimes, der nach einer Atempause die *longue durée* der Industrialisierung (samt ihrer gesellschaftlichen Begleitprozesse) wieder aufnahm. Der Prozess dauerte an, nur seine staatlich-herrschaftliche Einfassung und sein Management wechselten. Dabei ermöglichte es die Kommandostruktur des neuen Regimes (erst recht nach der Zuspitzung zur stalinistischen Diktatur), Ressourcen (vor allem Arbeit und Kapital) mit außerökonomischer Gewalt zu mobilisieren und dorthin zu lenken, wohin sie mit Mitteln des freien Marktes nicht zu bewegen waren (etwa nach Sibirien). Der »Aufbau des Sozialismus« wurde der Industrialisierung immer ähnlicher. Seine Funktion bestand im beschleunigten Abbau von Rückständigkeit – in zehn Jahren (so Stalin 1930) nachzuholen, wozu Westeuropa ein halbes Jahrhundert gebraucht habe.

Seit dem Untergang der Sowjetunion ist auch dieses Bild der Revolution wieder korrigiert worden. Die Grundfarben sind geblieben, aber die Mischung hat sich verändert. Nun tritt die zielstrebige Machtergreifung der Bolschewiki wieder in den Vordergrund, die jedoch in dieser Sicht nicht nur den Segen des (westeuropäischen) Sozialismus nach Russland brachte, sondern auch die Errungenschaften einer anmaßenden, sich überlegen dünkenden Zivilisation. Entscheidendes Instrument dieser selbst ermächtigten Modernisierungsmission war die Gewalt, die den Aufbau des neuen Staates und seiner Gesellschaft von Anfang an – und mangels Zustimmung der Bevölkerung notwendigerweise – begleitet haben. Diese Korrektur der Korrektur, mit der das Pendel der Interpretation wieder zurückschwingt, fand zumindest im letztgenannen Aspekt solide Unterstützung durch archivalische Funde. Massive Gewalt gehörte von Anfang an zu den Wesensmerkmalen des neuen Regimes.

Zwischen diesen beiden Varianten muss sich ein aktuelles Verständnis der Russischen Revolution positionieren. Dabei behalten die Kerneinsichten der sozialgeschichtlichen Forschung ihr volles Gewicht, zumal die wissenschaftliche Arbeit in den Archiven mit ihr ein neues Niveau erreichte. Die Abwendung der »kleinen Leute« von Petrograd und der größeren Städte Zentralrusslands von der liberalen »Notstandsdemokratie« im Sommer und Herbst 1917 steht außer Frage. Desgleichen liegen schwerwiegende Versäumnisse der Provisorischen Regierung auf der Hand. Und auch die Einordnung der Revolution in die längerfristige Perspektive der Modernisierung bleibt sinnvoll; andernfalls würde man eine zentrale Leistung (im neutralen Sinn) besonders der Vorkriegssowjetunion ausblenden.

Auf der anderen Seite sind die Rolle der Ideologie und mit ihr das Gewicht der Personen in den letzten Jahrzehnten sicher unterschätzt worden. Zweifellos haben die Bolschewiki jene absolute Richtigkeit für ihre Taten reklamiert, die sich aus dem uneingeschränkten Wahrheitsanspruch ihrer Weltanschauung ergab. Die Unfehlbarkeit rechtfertigte den Sturz einer legitimen Ordnung und alle Opfer, die er kostete. Auch im Bürgerkrieg wusste man den Weltgeist an seiner Seite. Noch klarer liegt zutage, dass sie die Grundsätze, nach denen Staat, Wirtschaft und Gesellschaft errichtet wurden, aus der Ideologie herleiteten. Die Rätestruktur, die Nationalisierung der Wirtschaft, die Rekrutierung der Unterschichten für Armee und Verwaltung (die sich schon aus der Flucht oder Gegnerschaft der alten Elite ergab) und nicht zuletzt die besondere Privilegierung der Partei – alle diese Maßnahmen entsprangen zwar keinem vorgefassten Plan, aber Kernideen des marxistischen Sozialismus. Insofern war die neue Gesellschaft eine Kopfgeburt, eine Ideokratie.

Bereits der »Kriegskommunismus« machte freilich deutlich, dass sich nicht mehr unterscheiden ließ, was notgeboren und was gewollt war. Die Verwirklichung der Utopie musste mit den Zuständen und Möglichkeiten vorliebnehmen, die sie vorfand. Der Sozialismus wurde ein sehr russischer – vom Erbe einer rückständigen Wirtschaft, einer bäuerlich geprägten Gesellschaft und eines übergewichtigen Zentralstaats allenthalben gezeichnet. Wer die russische Revolution und das System verstehen will, das sie hervorbrachte, sollte *beide* Faktoren gleichgewichtig bedenken.

ZEITTAFEL

Bis zum 31.1.1918 werden die Daten nach dem in Russland bis dahin gebräuchlichen Julianischen Kalender angegeben (alter Stil / a.St), der 13 Tage weniger zählte als der westliche, Gregorianische Kalender. Dieser wurde mit dem Beginn des Monats März 1918 eingeführt (1.3.a.St. = 14.3.n.St.)

1917

23. Februar 1917	Protestmarsch von Arbeiterfrauen in Petrograd
27. Februar	Meuterei der Petrograder Garnison
28. Februar	Gründung des Provisorischen Dumakomitees und des Petrograder Arbeitersowjets
2. März	Abdankung des Zaren; Bildung der Provisorischen Regierung
4. April	Lenins »Aprilthesen«
18. April	Versicherung der Bündnistreue an die Alliierten (»Miljukov-Note«)
1. Mai	Regierungsbeteiligung der Sozialrevolutionäre und Menschewiki
3.–24. Juni	1. Allrussischer Kongress der Arbeiter- und Soldatenräte
18. Juni	Beginn der Juli (Kerenskij)-Offensive
3.–5. Juli	Arbeiterunruhen in Petrograd, Verbot der Bolschewiki
24.–30. August	Kornilov-Putsch
14.–22. Sept. 1917	Demokratische Konferenz
24.–25. Oktober	Besetzung Petrograds durch Truppen des Militärischen Revolutionskomitees
25.–26. Oktober	2. Allrussischer Sowjetkongress, Wahl eines bolschewistisch-linkssozialrevolutionären Zentralen Exekutivkomitees; Verhaftung der Provisorischen Regierung im Winterpalast
8. November	Waffenstillstand mit Deutschland
12. November	Beginn der Wahlen zur Konstituierenden Versammlung
9. Dezember	Eintritt der Linken Sozialrevolutionäre in den Rat der Volkskommissare
	Beginn der Friedensverhandlungen von Brest-Litovsk

1918

6. Januar	Auflösung der Konstituierenden Versammlung
8.–18. Januar	3. Allrussischer Kongress der Arbeiter-, Soldaten- und erstmals auch Bauerndeputierten
15. Januar	Gründung der Roten Arbeiter- und Bauernarmee
18. Februar	Beginn der deutschen Offensive, Ende des Waffenstillstands
3./16. März	Separatfriede von Brest-Litovsk; Austritt der Linken Sozialrevolutionäre aus der Koalition
8. Juni	Gründung des »Komitees der Mitglieder der Konstitutierenden Versammlung« in Samara
Juni	Nationalisierung der Großindustrie
14. Juni	Ausschluss der Sozialrevolutionäre und Menschewiki aus dem Allrussischen Sowjetkongress
28. Juni	Gründung der »Komitees der Dorfarmut«
6. Juli	Attentat der Linken Sozialrevolutionäre auf den deutschen Botschafter Graf Mirbach
4.–10. Juli	5. Allrussischer Sowjetkongress, Verabschiedung der Verfassung der RSFSR
17. Juli	Erschießung der Zarenfamilie
30. August	Attentat auf Lenin
5. September	Dekret über den »roten Terror«
8.–23. Sept.	Staatskonferenz von Ufa
7. Oktober	Rückeroberung der Wolgaregion durch die Rote Armee
18. November	Sturz des Direktoriums von Ufa durch Admiral Kolčak

1919

1. Januar	Gründung der Weißrussischen Sowjetrepublik
5. Februar	Rückeroberung Kievs durch die Rote Armee
Oktober	Sieg über Denikin und Rückeroberung Südrusslands
November	Sieg über Kolčak bei Omsk als Beginn der Eroberung Sibiriens

1920

Februar	Anerkennung der Unabhängigkeit von Estland und Lettland
17. November	Sieg über die letzten »weißen« Truppen auf der Krim
2.–18. März 1921	Aufstand der Kronstädter Matrosen
8.–16. März 1921	10. Parteikonferenz, Verkündung der NĖP und »Fraktionsverbot«
18. März 1921	Friede mit Polen, Ende des Krieges an der Westgrenze
30. Dez. 1922	Gründung der Union der Sozialistischen Sowjetrepubliken (UdSSR)

GLOSSAR

a.St. / n.St. [alter Stil / neuer Stil] – bis zum 1. / 14. Februar 1918 galt in Russland der julianische Kalender, der im 19. Jahrhundert zwölf, im 20. Jahrhundert dreizehn Tage weniger anzeigte als der in Westeuropa gebräuchliche gregorianische. *s. S. 2*

Artel (*artel'*) – Kollektiv von Wanderhandwerkern in der Fremde. *s. S. 90*

Bolschewiki (*bol'ševiki*) – auf dem zweiten Parteitag der RSDRP 1903 siegreiche Fraktion der »Mehrheitler«. *s. S. 27ff.*

CIK (*Central'nyj ispolnitel'nyj komitet*) – Zentrales Exekutivkomitee. *s. S. 38*

***Duma* (= Rat)** – Name des russischen Parlaments. *s. S. 5*

Kolchos (*kollektivnoe chozjajstvo*) – agrarische Kollektivwirtschaft. *s. S. 90*

Komuč (*Komitet členov učreditel'nogo sobranija*) – Komitee der Mitglieder der Konstituierenden Versammlung. *s. S. 61ff.*

Menschewiki (*menševiki*) – auf dem zweiten Parteitag der RSDRP 1903 unterlegene Fraktion der »Minderheitler«. *s. S. 13f.*

Narodnaja Volja (Volkswille oder -freiheit) – terroristisch-revolutionärer Zirkel des *narodničestvo* (1879–1881). *s. S. 107*

narodničestvo (»Volkstümelei«) – revolutionäre Bewegung der 1870er Jahre. *s. S. 107*

NĖP (*Novaja Ėkonomičeskaja politika*) – Neue Ökonomische Politik. *s. S. 69, 72*

NOT (*Naučnaja organizacija truda*) – Wissenschaftliche Arbeitsorganisation. *s. S. 94*

obščina – dörfliche Landumteilungs- und steuerliche Solidarhaftungsgemeinde. *s. S. 25*

otchod **(= Weggang)** – bäuerliche Wanderarbeit. *s. S. 7*

PLSR (*Partija Levych socialistov-revoljucionerov*) – Partei der Linken Sozialrevolutionäre. *s. S. 42, 72*

Populismus – Sammelbegriff für die nichtmarxistische revolutionäre Bewegung und Sozialtheorie seit den 1870er Jahren; s.a. *narodničestvo*. *s. S. 107*

Proletkul't **(*Proletarskaja kul'tura*)** – Proletarische Kulturbewegung. *s. S. 87ff.*

PSR (*Partija socialistov-revoljucionerov*) – »Partei der Sozialisten-Revolutionäre«, Sozialrevolutionäre Partei. *s. S. 9, 41f.*

RSDRP (*Rossijskaja social-demokratičeskaja rabočaja partija*) – Russische Sozialdemokratische Arbeiterpartei. *s. S. 5*

SNK (*Sovet narodnych komissarov*) – Rat der Volkskommissare, Regierung. *s. S. 38f.*

Trudoviki **(»Arbeitler«)** – Fraktion bäuerlicher Deputierter der ersten Staatsduma 1906, später eine legalpopulistische Partei. *s. S. 111*

uezd – Verwaltungseinheit unterhalb der *gubernija* (=Gouvernement). *s. S. 99*

volost' – Verwaltungseinheit unterhalb des *uezd* (= Kreis). *s. S. 17, 25*

VSNCH (*Vysšij Sovet Narodnogo chozjastva*) – Oberster Volkswirtschaftsrat. *s. S. 44, 68*

zemstvo/a – Selbstverwaltungskörperschaft/en in den Gouvernements und Kreisen (*uezd*), 1864 gegründet. *s. S. 4, 8*

AUSSPRACHEREGELN

š	stimmloses sch (wie: Schaf)
č	tsch (wie: Matsch)
s	stimmloses s (wie: nass)
c	z (wie: Zahl)
y	dumpfes i
v	w (wie: Waage)
ž	stimmhaftes sch (wie frz. Journal)
šč	schtsch
z	stimmhaftes s (wie: Käse)
ė	kurzes offenes e (wie: Menge)
'	Erweichung des vorangehenden Konsonanten

Literaturhinweise

QUELLEN

Altrichter, H. (Hg.): Die Sowjetunion. Von der Oktoberrevolution bis zu Stalins Tod. 2 Bde., München 1986

Browder, R. P.; Kerensky, A. F. (Hg.): The Russian Provisional Government 1917. Documents. Bd. 1–3, Stanford 1961

Hellmann, M. (Hg.): Die Russische Revolution 1917. Von der Abdankung des Zaren bis zum Staatsstreich der Bolshewiki. München 1964

Kowalski, R.: The Russian Revolution, 1917–1921. London 1997

Lorenz, R. (Hg.): Die Russische Revolution 1917. Der Aufstand Der Arbeiter, Bauern Und Soldaten. München 1981

Milukow [Miljukov], P. N.: Geschichte der Zweiten Russischen Revolution. Gegensätze der Revolution. Wien 1922

Steinberg, M.D.: Voices of Revolution, 1917. New Haven 2002

Suchanow, N.: 1917. Tagebuch Der Russischen Revolution. München 1967

Wade, R. A. (Hg.): Documents of Soviet History: Vol.1: The Triumph of Bolshevism, 1917–1919. Vol.2: Triumph and Retreat, 1920–1922. Gulf Breeze 1991, 1993

DARSTELLUNGEN

Acton, E.; Rosenberg, W. G.; Cherniaev, V. (Hg.): Critical Companion to the Russian Revolution 1914–1921. London 1997

Altrichter, H.: Rußland 1917. Ein Land auf der Suche nach sich selbst. München 1997

Ders.: Staat und Revolution in Sowjetrußland 1917–1922/23. 2. erw. Aufl., Darmstadt 1996.

Benvenuti, F.: The Bolsheviks and the Red Army, 1918–1922. Cambridge 1988

Beyrau, D.: Petrograd, 25. Oktober 1917 : Die Russische Revolution und der Aufstieg des Kommunismus. München 2001

Brovkin, V. N.: Behind the Front Lines of the Civil War. Political Parties and Social Movements in Russia, 1918–1922. Princeton 1994

Burbank, J.: Intelligentsia and Revolution. Russian Views of Bolshevism, 1917–1922. New York 1986

Daniels, R. V.: Das Gewissen der Revolution. Kommunistische Opposition in Sowjetrußland. Köln 1962

Ferro, M.: The Bolshevik Revolution. A Social History of the Russian Revolution. London u.a. 1985

Figes, O.: Die Tragödie Eines Volkes. Die Epoche der Russischen Revolution 1891–1924. Berlin 1998

Ders.: Peasant Russia, Civil War. The Volga Countryside in Revolution (1917–1921). Oxford 1989

Galili, Z.: The Menshevik Leaders in the Russian Revolution: Social Realities and Political Strategies. Princeton 1989

Getzler, I.: Kronstadt 1917–1921. The Fate of a Soviet Democracy. Cambridge 1983

Gill, G.: Peasants and Government in the Russian Revolution. London 1979

Gleason, A.; Kenez, P.; Stites, R. (Hg.): Bolshevik Culture: Experiment and Order in the Russian Revolution. Bloomington / In. 1985

Hagen, M. V.: Soldiers in the Proletarian Dictatorship. The Red Army and the Soviet State, 1917–1930. Ithaca 1990

Hasegawa, T.: The February Revolution: Petrograd 1917. Seattle 1981

Hildermeier, M.: Die Russische Revolution 1905–1921. 4. Aufl. Frankfurt 1995

Keep, J. L. H.: The Russian Revolution: A Study in Mass Mobilisation. London 1976

Koenker, D. P.; Rosenberg, W. G.: Strikes and Revolution in Russia, 1917. Princeton 1989

Dies.: Rosenberg, W. G.; Suny, R. G. (Hg.): Party, State and Society in the Russian Civil War. Explorations in Social History. Bloomington 1989

Dies: Moscow Workers and the 1917 Revolution. Princeton 1981

Leggett, G.: The Cheka: Lenin‹s Political Police. Oxford 1981

Mally, L.: Culture of the Future. The Proletkult Movement in Revolutionary Russia. Berkeley 1990

Mawdsley, E.: The Russian Civil War. London 1987

Pipes, R.: Die Russische Revolution. 3 Bde., Berlin 1992–93

Pipes, R.: The Formation of the Soviet Union. Cambridge/ Mass. 1964

Plaggenborg, S.: Revolutionskultur. Menschenbilder und kulturelle Praxis in Sowjetrussland zwischen Oktoberrevolution und Stalinismus. Köln 1996

Rabinowitch, A.: The Bolsheviks Come to Power. New York 1978

Radkey, O. H.: The Agrarian Foes Of Bolshevism: Promise and Default of the Russian Socialist Revolutionaries, February-October 1917. New York 1958

Ders.: The Sickle under the Hammer. The Russian Socialist Revolutionaries in the Early Months of Soviet Rule. New York 1963

Read, C.: Culture and Power in Revolutionary Russia: The Intelligentsia and the Transition from Tsarism to Communism. New York 1990

Ders.: From Tsar To Soviets. The Russian People and their Revolution, 1917–21. London 1995

Rigby, T. H.: Lenin's Government: Sovnarkom 1917–1922. Cambridge/ Mass. 1979

Rosenberg, W. G.: Liberals in the Russian Revolution. Princeton 1974

Scheibert, P.: Lenin an der Macht. Das Russische Volk in der Revolution 1918–1922. Weinheim 1984

Service, R.: Lenin: Eine Biographie. München 2000

Ders.: The Bolshevik Party in Revolution: A Study in Organisational Change, 1917-1923. London 1979

Shanin, T.: The Awkward Class. Political Sociology of Peasantry In a Developing Society: Russia 1910–1925. Oxford 1972

Smele, J. D.: Civil War in Siberia. The Anti-Bolshevik Government of Admiral Kolchak, 1918–1920. Cambridge 1997

Smith, S.A.: Red Petrograd: Revolution in the Factories, 1917–1918. Cambridge 1983

Stites, R.: Revolutionary Dreams. Utopian Vision and Experimental Life in the Russian Revolution. New York 1989

Swain, G.: The Origins of the Russian Civil War. London 1995

Wade, R.A.: Red Guards and Workers‹ Militias in the Russian Revolution. Stanford 1984

Ders.: The Russian Revolution, 1917. New York 2000

Wildman, A.K.: The End Of The Russian Imperial Army. 2 Bde., Princeton 1979, 1987

Abbildungsnachweis Karte: Peter Palm, Berlin.

Manfred Hildermeier ist Professor für Osteuropäische Geschichte an der Universität Göttingen. Seine Forschungsschwerpunkte sind die Russische Geschichte des 17. - 20. Jahrhunderts sowie die Geschichte der Sowjetunion.

Die Seitenangaben in der Maginalspalte, zusammen mit Hervorhebungen im Text, verweisen auf einen entsprechenden Abschnitt im Buch.

3. Auflage

Originalausgabe

Hedderichstr. 114, 60596 Frankfurt am Main
Printed in Germany
ISBN 978-3-596-15352-7

Unsere Adresse im Internet: www.fischerverlage.de

◈ Tagungs- und Versammlungsorte

▦ Gefängnisse

Fabriken

1 Kabelwerk
2 Baltische Werft
3 Admiralitätswerft
4 Siemens-Schuckert
5 Siemens-Halske
6 Vulkan
7 Langenzipen
8 Novyj Lessner
9 Erickson
10 Parviajnen
11 Nobel
12 Arsenal Peter d. Gr.
13 Feniks
14 Rozenkranc
15 Promet
16 Schiffswerft Ochta
17 Nevskij-Garnspinnerei
18 Schiffswerft Nevsk
19 Treugolnik
20 Putilow-Werke

Kasernen, Regimenter

① Finljandskij (Finnland)
② Petrogradskij
③ Izmajlovskij
④ Egerskij (Jäger)
⑤ Semënovskij
⑥ Pavlovskij
⑦ Preobrazenskij
⑧ Volynskij (Wolhynien)
⑨ Litovskij (Litauen)
⑩ 1. Maschinengewehr
⑪ Grenaderskij (Grenadier
⑫ Moskovskij (Moskau)